KB121392

정치사상사

정치사상사

고대에서
현대까지

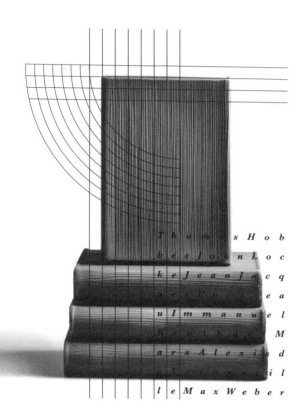

GESCHICHTE
DER POLITISCHEN IDEEN

Von der Antike bis zur Gegenwart

마르쿠스 앙케 지음 | 나종석 옮김

정치사상사는 하나의 학문 분과에 대한 명칭이자 그 분과의 대상, 즉 고대 그리스 이후 정치 이론들의 기원과 다양함을 가리키는 명칭이다. 저자들은 격렬한 논쟁과 토론을 배경으로 이론들을 개발해왔으며 그로부터 테마를 끌어내고 문제를 제기하며 그들의 텍스트로 영향을 미치려 했다. 이론의 해석도 그러한 논쟁을 배경으로 하여 이뤄진다. 해석자들이 때때로 보여준 수천 년이 된 오랜 텍스트에 대한 관심은 해석자와 해석된 텍스트를 연결하는 문제의식에 따른 것이다. 권력이란 무엇인가? 정치에서 정의란 무엇을 의미하는가? 누가 누구를 통치해야 할까? 이처럼 정치사상사는 정치 이론가들의 텍스트와 그 해석자들의 텍스트가 모여 있는 이론 논쟁의 연속체로 구성된다. 텍스트들은 차례로 담론 내에 배열되며 특수한 정치사상적 상황 속에서 움직인다. 그 같은 상황은 (위기나 전쟁 같은) 정치적 사건이나 (평화나 정의에 대한) 기대와 희망을 통해 결정된다.

학문 분과로서의 정치사상사는 관련 논쟁을 재구성하고 텍스트를 해당 담론에 착근着根하여 맥락화한다. 그러한 담론이 어느 개별 저자의 전체 저작일 수 있다. 그는 그의 스승과 모델로부터 어떤 질문을 취했으며 그 시대의 어떤 질문에 답하려 했던가? 그의 사유는 어떻게 발전했으며 그의 입장에서 그리고 동시대인들과 후대의 담론에서 어떻게 받아들여졌는가? 텍스트를 그 창작자, 즉 저자에 비추어 해석하는 것은 바로 납득할 만하며 매우 전통적인 과정이다. 이 같은 주제화가 빈번하면 저자는 '대가'가 된다. 그리고 이것이 이 책에서 소개하고 논의할 저자와 텍스트를 선택하는 기준의 하나였다. 대가들 역시 그들의 텍스트로 정치적 사건에 반응하고 특정 문제를 해결하려 한다. 무엇보다도 그들은 다른 이론들과 경쟁한다.

이와 같이 텍스트는 한편으로 그와 관계된 수많은 텍스트들 사이에, 다른 한편으로 한 걸음 더 나아가 종종 우리의 현대까지 이르는 사상사적 연속체를 가로지르는 문제 제기들 안에 담론적으로 착근되어야 한다. 착근 과정에는 2가지 측면이 있는데 이를 정치사상사의 아카이브, 즉 기록 보존과 정치사상사의 무기고武器庫라고 부를 수 있다.

예컨대 고대 그리스의 저자들은 민주주의의 문제에 몰두했다. 이제 사회구조의 변동으로 인해 현대 민주주의는 더 이상 그리스 민주주의와 비교하기 어렵다고 이의를 제기할 수 있다. 그러나 민주주의 이념이 가능한 폭넓은 참여에의 요구와 계속해서 연결되어 있다는 점에서는 아무것도 변하지 않았다. 고대의 저자들은 가능한 참여의 조건과 그 장단점을 직접 관찰하고 심도 있게 논의할 수 있었다. 그런 한에서 정치 이론 작업의 다양성을 아카이빙, 즉 보존하는 것은 정치사상사 분과의 본질적 기여다. 그렇게 하지 않았다면 망각되었을 '민주주의' 같은 이념이나 '권력' 같은 개념의 이론적, 실천적 잠재력이 이렇게 해서 기억에서 소환되기 때문이다.

이처럼 아카이빙은 현대와 얼마나 가깝고 시의적이며 현대와 얼마나 관계되는가라는 질문과 무관하게 사상사의 이론적 잠재력을 보존한다. 이와 함께 아카이빙은 이미 해석의 도식을 전해주는데 매우 다양한 이론적 성취가 활용되지만 이 다양함을 배열하고 분류해야 하기 때문이다. 텍스트는 비교적 무해하게 특정 시대와 관계될 수도 있지만 내용 해석의 결과가 이미 흘러들어간 통시적 담론 안에 배열될 수도 있다. 가령 존 로크의 텍스트는 '자유주의'에 속할까? 그리고 처음부터 '공화주의' 도식이 아니라 자유주의 도식에 비추어 그 텍스트들에 주목한다면 이는 추후의 해석에 대해서 무엇을 의미할까? 텍스트의 어떤 부분이 대표적이라고 간주되고 어떤 부분이 무시될까? 그리고 현대의 해석자에게 자유주의가 무엇인지 설명해줄 것이라는 가정하에서 어떤 부분이 좀더 집중적으로 해석되어야 할까?

이처럼 아카이빙은 해석을 준비하지만 다른 한편으로 넓게 분기된 해석의 역사를 인지하는 가운데 성급한 해석을 방지한다. 그럼으로써 아카이빙은 정치사상사의 무기고 기능을 비판적으로 교정해준다. 사상사의 대상은 정치이론이 그 현재와 미래의 문제를 해명하기 위해 활용하는 논거와 모델의 무기고와 유사하다. 이는 오늘날 마지막 장에서 살펴볼 세계시민주의 논의에서 드러난다. 무기고에서 사상사적 텍스트 자료의 채택은 지극히 선택적이다. 예를 들어 오늘날 국제 관계 이론의 상당 부분이 국민국가의 주권을 중심에 놓는 소위 '베스트팔렌 국가 세계'의 구성과 함께 작동한다면 가장 중요한 참고문헌의 저자로는 대개 토머스 홉스가 꼽힌다. 오늘날 베스트팔렌 국가 세계의 정당함은 홉스의 주권 개념에 대한 반박과 함께 흥망한다. 국민국가의 정당성에 대해 성공적으로 의문을 제기할 수 있는 사람은 국가 간 정치 질서, 탈국가적 정치 질서, 트랜스내셔널 정치 질서 또는 초국가적 정치 질서의 정당성을 위한 길을 여는 것이다. 그러나 이와 관련하여 홉스 전후의 여타 주권 이론(전으로는 장 보댕, 후로는 장 자크 루소)은 종종 무시된다. 이 같은 축소 해석은 보댕, 홉스, 루소 역시 취했던 매우 통상적인 과정이다. 여기서 현대의 의견 충돌 속에서 논거로 무장하기 위하여 사상사가 무기고로 이용된다는 점만은 알아두어야 한다.

이는 모든 해석이 똑같이 설득력을 가지므로 결국 논거의 검증이 전혀 중요하지 않다고 말하는 것이 아니다. 사상사의 아카이브는 끝없이 많은 해석으로 가득한데 그중 극히 일부만이 널리 받아들여지고 지속적으로 수용됨으로써 그 자신의 담론을 확립했다. 해석의 신뢰도는 저자들이 논거의 정확성이나 개연성을 평가하는 배경이 되는 공유된 합리성의 척도와 공유된 문제의식과 관계된다. 이러한 기본 조건은 인식될 수 있으며 그와 함께 신뢰도의 개연성이 측정될 수 있다.

이는 정치사상사 무기고 기능의 마지막 측면으로 이어진다. 사상사의 텍스트 자료는 하나의 연속체를 이룰 뿐 아니라 그 자체가 해석의 대상이기도 하다. 예컨대 정치적 사유의 시대적 적합성이나 근대성에 관한 모든 논증은 그 사유의 특수한 특징들을 부각시킬 뿐 아니라 그것에 특별한 정당성을 부여함으로써 다른 특징들을 비근대적이거나 전근대적이라고 폄하할 수 있다.

이처럼 정치사상은 역사적 유물이 아니다. 자기 이해 그리고 이와 유의미하게 연결되는 행위 양식에 관한 가능한 해석은 헤아릴 수 없을 정도로 많다. 그런 가운데 정치사상은 인간에게 특정한 방향을 제시하는 역할을 한다. 사상사적 연속체에 대한 이렇게 단순화된 전체 해석은 (가령 정치사상사의 아카이브 기능에서 비롯될) 많은 학술적 반론을 견뎌낼 수 있으며 집단행동을 조정하는 데 성공하는 한 그 사회적 효력을 유지한다. 정치사상사의 '역사'는 현대의 정치 구조와 그 미래 존속의 정당성을 둘러싸고 계속되는 논쟁과 유사하다.

텍스트의 담론적 착근은 다양한 확립된 접근법들을 수용하는 정치사상사의 접근법이다(Llanque 2008). 소위 케임브리지학파는 앵글로색슨 학술 공간에 널리 유포된 루트비히 비트겐슈타인의 언어철학을 따른다. 이에 따르면 언어는 행위의 한 형식이며 그 내용은 언어의 구체적 사용으로부터 밝혀진다. 그로부터 퀜틴 스키너는 정치 이론의 텍스트가 특히 동시대(공시적) 담론에 대한 이론가의 개입으로 이해되어야 한다는 결론을 도출했다. 그다음에 사상사 연구의 주도적 질문이 된 것은 특정 시대의 지배적 문제가 무엇인가, 이 시대의 저자들이 그들의 이론으로써 답하려 했던 문제는 무엇인가이다 (Tully 1988). J. G. A. 포콕은 이를 더욱 넘어서는 담론 이해를 개발했다. 그에게서 언어 관용은 시대를 포괄하는 (통시적) 담론을 형성하는 완전한 정치적 언어(자유주의, 공화주의)를 구성해낸다. 여기서 단어의 의미론은 단어가 사용되는 언어의 문법으로부터 발견된다(Pocock 1971).

그와 반대로 개념사는 개별 개념들에 근거하여 구성되는 통시적 담론에서만 출발한다. 개념의 내용에 대한 이해의 변화로부터 언어 관용에 작용하는 정치적, 사회적 구조의 변동에 관한 추론이 도출된다(Koselleck 1979). 특히 여기서는 프랑스 혁명기로 거슬러 올라가며 근세에서 근대로의 변화를 나타내는 '말안장시대Sattelzeit'가 주목받는다.

　케임브리지학파가 비트겐슈타인의 언어이해를 좇는다면 사상사적 계보학의 접근법을 지닌 프랑스의 포스트모더니즘은 페르디낭 드 소쉬르의 언어 이해를 따른다. 그에 따르면 발화된 언술은 언어의 구조화 기능과 구별되어야 한다. 여기서부터 사회적 현실이 언어를 통해 구성된다는 가정까지는 멀지 않다. 이를 바탕으로 미셸 푸코는 사회질서를 담론 규칙과 나란히 놓는다. 담론 규칙은 무엇이 현실이고 정상이라고 간주되어야 할지를 결정함으로써 말할 수 있는 것과 말할 수 없는 것을 구성한다. 여기서 정치사상사는 지식 구성의 거울이다. 푸코는 이를 근대의 계보학에 적용했다. 삶의 기본적 한도를 확정하여 인간을 근본적으로 통제할 가능성이 나타났다는 점(생명 관리 정치)을 조명하기 위해서였다. 이 확정은 근대 행정과 국가 복지정책을 최초로 가능하게 했으며 생활양식의 변화를 강하게 제한했다. 사상사의 정치사상적 기능은 푸코와 함께 특별한 의미를 얻는다(Foucault 2004).

상이한 사상사적 접근법들은 사상사의 자료를 서로 다르게 바라보며 그럼으로써 서로 다른 것들을 입증하려 한다. 이 책에서는 우선 이론의 형성 과정을 발생기의 맥락에서 기술하고 현대의 이론 형성에 대한 그 관련성을 지적하려 한다. 사상사에 관한 자료는 저자 쌍들에 따라 편성되었다. 그들은 서로 직접 참조하고 서로 비판하며 서로 엇갈리는 이론들을 내세우지만 한 시대 이론 작업의 범위를 대표한다. 어느 저자도 한 시대의 유일한 대표가 아니었으며 모든 이론에는 대안이 있었다. 오늘날 정치적 사유를 위한 사상사의 가장 큰 소득은 바로 이론들의 끊임없는 경쟁에 대한 통찰로부터 생겨났다. 친숙한 정치적 개념은 가능한 대안적 해석에 비추어 항시 도전받을 수 있다. 이는 판단력을 예리하게 만든다.

차례

서문 • 5

1. 플라톤과 아리스토텔레스-고대 민주주의 • 17

2. 히포의 아우구스티누스와 파도바의 마르실리우스
   -중세의 신앙, 교회 그리고 정치 • 38

3. 토머스 모루스와 니콜로 마키아벨리
   -유토피아와 권력 유지 사이의 정치 • 55

4. 토머스 홉스와 존 로크-근대 계약론 • 72

5. 몽테스키외와 루소-계몽주의 시기의 정치와 사회 • 87

6. 《페더럴리스트》와 임마누엘 칸트
   -혁명기 헌법 국가와 법치국가 • 103

7. 헤겔과 마르크스-사회와 정치에서의 근대적 모순 • 119

8. 알렉시스 드 토크빌과 존 스튜어트 밀
   -근대의 개인과 민주주의 • 138

9. 막스 베버와 존 듀이
   -현실주의와 이상주의 사이의 민주주의 이념 • 153

10. 카를 슈미트와 막스 호르크하이머
    -전체주의 정권 시대의 정치적 사유 • 170

11. 현대-인권의 시대 • 187

참고문헌 • 206

옮긴이의 말 • 212

1. 플라톤과 아리스토텔레스
고대 민주주의

태초 이래 인간은 정치적으로 생각하는 법을 배웠다고 가정할 수 있다. 인간은 자신의 성향에 반하더라도, 자유에의 충동에도 보호받거나 홀로 얻을 수 없는 재화를 손에 넣기 위해서 지배 관계를 따른다. 이 같은 성찰은 처음부터 생활공간 개척의 일환이었다. 어떤 정치적 사유가 인간의 행위를 형성했는지는 오래된 문헌들이 답해준다. 이집트 문화나 가장 오래된 성서들에는 정치적 사건과 행위가 기록되어 있다. 이러한 기록들을 통해 우리는 그리스의《일리아스》에서와 마찬가지로 정치적 사유에 관한 이론적 성찰의 첫 자취를 발견한다. 하지만 정치적인 것의 본질과 그것을 가능하게 하는 조건들, 개인 행위의 다양성, 집단 행위의 제도적 지속 등에 관한 본격적 담론은 아테나이 민주정과 관련해서야 비로소 확인된다.

아테나이는 기원전 5세기 그리스 도시국가 중 인구가 가장 많았다. 아테나이는 넓은 영토를 지배했고 지배적 해상 세력이었으며 헬레니즘 문화의 중심지 중 하나였다. 페르시아의 위협에 대비하기 위해 결성된 아티케 델로스 해양동맹의 지도적 국가로서 아테나이는 다른 동맹국이 지불하는 분담금 덕분에 상당한 재원을 운용할 수 있었다. 아테나이는 위신의 과시를 위한 문화 프로젝트에도 이 재원을 사용했으며 이는 다시 수많은 예술가와 학자를 끌어들였다.

수 세기에 걸친 정치 발전을 통해 아테나이는 고전적 왕정에서 민주정으로 변화해갔다. 아테나이 민주정에서는 공적 문제 대부분을 비교적 매우 높은 비율의 인구가 참여하여 논의하고 결정했다. 기원전 5세기 아테나이는 페르시아의 정복 시도에 맞서 해방 투쟁을 성공적으로 치러냈다. 그 덕분에 그리스와 전제적으로 통치되는 페르시아제국이 정치적, 문화적 측면에서 대척점에 있다는 인식이 헬레니즘의 집단 기억에 자리 잡게 되었다.

아테나이 시민들의 정치 연설은 소통의 중심 매체였다. 법정, 민회, 아고라, 시민 집회 장소에서 이뤄진 아테나이의 자치에는 항상 연설이 수반되었다. 연설은 또한 정치를 이론적으로 성찰하기 위한 문학적 매체였다. 비극에서는 전체 시민을 대변하여 개별 인물이나 합창단을 통해 정교한 연설이 행해졌으며 이를 통해 정치적 의견이 교환되었다. 역사 서술에서는 대립되는 견해들의 투쟁이 연설의 형상으로 재현되었다(투키디데스). 마지막으로 연설은 정치 이론을 구성하는 중심 요소이기도 했다. 플라톤은 아테나이 민주정을 비판하며 연설이라는 정치적 소통 방식을 공격했다. 플라톤이 보기에 연설은 지식을 통한 납득이 아니라 의견을 통한 설득만을 추구했다. 플라톤의 제자 아리스토텔레스는 수사학에 관한 논문을 썼다. 두 사람은 논증과 반론을 연설 형태로 제시했으며 이를 대화 형식으로 출간하기도 했는데, 플라톤의 것은 남아 있지만 아리스토텔레스의 것은 강의 노트들만 남아 있다. 논증이 대개의 경우 여전히 구두로 교환되는 한, 대단치 않은 컴퓨터 센터가 정량적 데이터를 평가하여 정치적 심의를 집단적 결정으로 대체하는 한 아테나이 민주정의 정치 이론은 중요할 것이다.

철인정치

플라톤(BC 428/427~348/347)은 귀족 출신으로 민주주의를 극복하기 위해 진력한 가문의 일원이었다. 친애하는 스승 소크라테스의 죽음은 그를 각인했던 체험이었다. 민주적 인민 법정이 소크라테스에게 사형 판결을 내렸다. 한 정치 질서가 어떻게 그 시민 중 최고의 인물(여하튼 플라톤의 평가다)을 처형할 수 있었는가? 이 질문에 대해 플라톤은 정치적 체계 분석으로 답했다. 플라톤은 아테나이 시민들의 도덕적 타락이나 악의가 아니라 아테나이 민주정의 설계에 전반적으로 문제가 있다고 보았다. 민주정은 선이 아니라 인간들의 다소 우발적인 희망과 욕구를 추구한다. 하지만 이러한 욕구의 본성과 조건을 논할 때 이에 관해 이성적으로 정보를 나누는 것은 거의 가능하지 않았다. 이는 개별 제도에 대한 실험실 연구가 아니라 근본적인 구조 변화를 통해서만 해결할 수 있는 문제였다. 플라톤의 해법은 다음과 같다. 철인왕哲人王이 민주정의 자리를 대신해야 한다.

플라톤은 저작을 통해 스승 소크라테스를 불후의 인물로 만들었다. 플라톤의 저작에서 소크라테스는 대화 상대에게 철학적 질문을 던지고 변증법적 방식으로 논증을 전개한다. 대개의 경우 대화 상대는 결국 소크라 테스의 의견에 어쩔 수 없이 동의한다. 플라톤의 대화 편은 대부분 정치적 대상에 관해 논의한다. 정치와 관련된 개별 덕목들, 수사학《고르기아스》, 통치하는 일과 정치인의 적절한 성품《정치가》, 제도 및 절차《법률》, 정치 질서의 이상적 정체《국가》 등을 다룬다. 특히 《국가》는 플라톤 정치철학의 핵심이며 그 주요 공격 대상은 민주정이다.

민주정에서 정치인들은 동료 시민을 교육하지 않고 특정 정치 행위를 하도록 설득하기 위해 시민에게 아첨만 한다고 플라톤은 비판했다. 그러나 정치인과 시민 모두 정치의 질문들에 관해 적절히 판단할 만한 현실적 지식이 없었다. 민주정에서 정치적 소통의 목적은 진리 추구가 아니라 시민의 의견 형성에 있었다. 플라톤은 《고르기아스》에서 소크라테스의 입을 빌려 다음과 같이 정리한다. "이처럼 연설가도 법정 집회와 여타 집회에서 올바름과 그릇됨에 관해 가르치지 않고 믿게 할 뿐입니다. 아울러 그렇게나 중요한 일들에 관해 그가 그 많은 군중을 단시간에 제대로 가르칠 수도 없을 것입니다"《고르기아스》 452d 이하).

플라톤의 비판은 아테나이 민주정을 그 고유한 자기 이해의 근원에서 포착했다. 플라톤이 보기에 서로 동급인 시민들의 견해는 비전문가들의 견해에 예속되지 않는 전문가의 식견으로 대체되어야 했다. 플라톤은 정치를 해설하기 위해 다양한 은유를 사용하는데 그중 선박의 비유가 있다. 선박의 소유주들(인민을 의미한다)은 동시에 선박의 승객들이다. 그들은 어느 방향으로 선박을 몰아야 한다고 쉽 없이 요구한다. 하지만 바람과 악천후를 뚫고 성공적으로 선박을 운항할 지식은 항해사만이 가지고 있다. 이 비유를 통해 플라톤은 지식과 단순한 의견의 차이를 명확히 보여주고 또한 국가라는 선박의 조종을 위해 필수적인 지식을 가진 사람들만 이성적 요구를 내세워야 하는 이유를 알려주려 했다.

플라톤이 선택한 비유는 지휘의 통일성을 시사한다. 정치적 통일을 이루는 것이 플라톤의 주된 관심사였다. 대화편 《국가》에서 플라톤은 '정의로운' 정치 질서뿐만 아니라 질서를 총괄적으로 모색했다. 《국가》는 두 부분으로 나뉜다. 전반부는 동시대 사람들이 생각하는 정의正義에 관한 정의定義가 부적절하다는 내용이며, 좀더 포괄적인 후반부는 정의에 관한 실증적 이론을 제시하고 이를 위한 이상적 정치 질서 모델을 제시한다. 후반부는 정치 질서의 생성과 필요성, 인구의 분류, 정치 질서의 감시와 유지를 담당하는 사람들('감시자')의 의미 등에 관한 일반적 논의로 시작한다.

플라톤은 이데아의 정치적 구성을 인간 영혼의 구성에 비유해 설명했다. 정치적 질문에 필요한 맥락을 이해하는 능력은 불균등하게 분배되어 있고, 이는 다시 정치의 내적 통일성에 대한 위험을 의미한다. 플라톤이 인식론적 질문(선분의 비유, 태양의 비유, 동굴의 비유)을 거쳐 도달한 결론은 철학자만이 입법자로서 그리고 감시자의 감시자로서 지배할 수 있다는 것이다.

세상과 가장 동떨어진 사람을 단독 통치하는 왕으로 세우는 데 대한 동시대인들의 불안을 플라톤은 분명히 알고 있었다. 마찬가지로 그는 철인왕의 선발을 목표로 하는 인간 교육에 남녀 차이를 두지 말자는 선동적 요구 역시 알고 있었다.

플라톤의 이상적 해결책은 지식과 권력의 인적 결합에 있다. 이 개념을 설명하기 위해 플라톤은 사상사에서 종종 활용되는 비유, 즉 유기체의 비유를 이용한다. 플라톤은 '거인'으로 상정된 정치 질서에 의거하여 정의正義(《국가》의 첫 번째 질문)를 명확히 하고자 한다. 유기체에서와 마찬가지로 정치 질서에서도 모든 부위는 생명 유지 활동에서의 그 기능에 맞추어 통합되어야 한다. 플라톤은 기능을 생산, 감시, 지휘의 3가지로 구분한다. 이 '신분들'에 소속되는 것은 개인 영혼의 구성, 즉 욕구epithymêtikon, 동력을 부여하는 기개hymoeides, 이성logistikon의 몫과 관계된다. 그리고 신분에의 소속을 최종적으로 결정하는 것은 철인왕의 일이다. 생산 신분 구성원들의 교육은 감시자들의 교육보다 일찍 종료되어야 한다. 오직 철인왕만이 50세가 되어서야 끝나는 완전한 교육 프로그램을 이수하게 될 것이다. 교육에는 신체 단련뿐만 아니라 인성 수련 그리고 무엇보다도 지적 수련이 포함되었다. 육체적 차이는 신분의 속성을 결정하는 요인이 아니므로 여성도 선발 과정에 참여하게 된다.

플라톤의 이상적 질서에서 단서가 되는 제도는 교육paideia이다. 아테나이의 교육은 대개 사교육이었다. '교육자'는 아이들을 각각의 수련장으로 데려다주는 역할만 했고, 실제 교사들은 돈을 받고 서비스를 제공했다. 여기에는 아테나이 사회에서 가장 중요한 분야인 연설을 가르치는 '수사학자'도 포함되었는데, 당시 모든 시민은 법정에서 자신을 변호해야 했기 때문이다. 가령 시칠리아에서 아테나이로 수사학 이론을 전파했던 레온티노이의 고르기아스 같은 수사학자는 다른 사람을 설득하는 연설 능력을 전수해주겠다고 의뢰인에게 약속했다. 플라톤의 대화편 《고르기아스》에서 소크라테스는 그 수사학자가 실제로는 겉모습만 진리인 것을 팔며 사람들을 기만할 뿐이라고 반박한다.

그와 반대로 플라톤이 모범으로 삼은 것은 포괄적 교육 과정을 갖춘 스파르타였다. 분명 스파르타의 교육 과정은 본질적으로 전사의 단련에만 전념하는 것이었다. 플라톤은 공동생활, 사유재산의 대체적인 포기, 상호 간 상대적으로 동등한 서열 등 스파르타에서 시행된 방식에 주목하여 이를 바탕으로 정치 질서 모델을 개발했다. 이 모델은 자녀의 출산이나 시와 음악에 대한 문제 등 그 어떤 것도 우연에 맡기지 않는 교육 기관에 해당한다. 그 중심에는 종종 감시자로 표현되는 신분이 있는데, 이 신분은 수호자phylakes와 보조자epikouroi로 표현하는 편이 더 좋을 것이다. 감시자는 밖으로는 무력으로 정치 질서를 지키고 안으로는 법을 유지하게 하는 데, 이를 위해서는 무엇보다도 단호한 성격이 필요하다. 그들의 행위는 사익이 아니라 공익만을 지향해야 한다. 따라서 수호자들은 출신에 따라 서로 구분되어서는 안 되며 어머니와 아동 공동체에서 성장해야 하고 가정에 따라 분리되어서는 안 된다. 또한 그들에게는 어떤 소유도 금지된다. 적어도 수호자들 사이에서는 정치 질서의 통일성이 "나의 것과 너의 것"으로 쪼개져서는 안 된다. 철인왕은 이성 덕분에 다른 이들과 달리 공익만을 시야에 두고 자신과 동일화하게 되어 있다.

하지만 지배는 어떻게 피지배자들에게 매개되는 것일까? 근대의 정당성 문제는 플라톤에게 알려지지 않았다. 막스 베버가 특히 민주화된 사회와 관련하여 논의한 정당성에 대한 주관적 믿음은 플라톤의 지배 모델에서 설 자리가 보이지 않는다. 정의로운 지배가 그 정의에 근거하여 피지배자들에게도 실제로 받아들여질 수 있는지는 불분명하다. 여하튼 플라톤은 철인왕의 공정한 조치들이 지각되는 방식에 관해 고려했다. 판타지와 열정을 자극하는 신화와 음악의 통제는 공론을 통제하기 위한 중요한 지배 도구이다. 피지배자는 스스로 자신의 판단에 도달한 것으로 착각하고 있지만 그의 판단

근거가 되는 공연은 조작된 것이기 때문이다.

플라톤이 《법률》에서 제시한 '차선'의 모델에서는 철인왕의 단독 지배가 엘리트 전문가로 구성된 위원회 지배로 대체된다. 이 위원회는 비공개 야간 회의를 열어 공적 지배를 보완한다. 여기에서는 진실하며 정의롭다고 간주되는 정치적 조치가 논의되는 동시에 이를 피지배자들에게 어떻게 전달할지가 결정된다. 그럼으로써 진리와 정의에 대한 통찰력을 갖지 못한 사람들이 좀 더 손쉽게 지시를 따르게 되는 것이다. 이처럼 정의에 관한 지식은 무지한 자들과의 소통에서 모든 거짓을 정당화하며, 이는 전문가 지배의 결과다. 이와 달리 아마추어에게 정치를 맡기는 것은 플라톤에게 역설적으로 보였다. 민주주의자들조차도 삶의 모든 문제를 전문가들에게 묻지 동료 시민에게 맡기지 않는다. 구두는 구두장이가 수선하고 질병은 의사가 치유할 것이다. 왜 필요한 지식을 갖추지 못한 평범한 인민들에게 모든 영역 중 가장 중요한 것, 즉 정치를 맡길 것인가?

플라톤의 논증 방식은 연역적이다. 플라톤은 모든 하위 질문이 파생되는 최고의 원칙, 즉 선의 이데아를 정의한다. 선의 이데아에서 정의의 이데아(각자 자신의 일을

하는 것)가 나오고 정의의 이데아에서 신분 국가의 이데아가 나온다. 따라서 민주정은 잘못된 정치체제다. 각자에게 자신의 것을 주지 않고 모두를 동등하게 만들기 때문에 민주정은 부당하다.

시민의 정치 공동체

플라톤과 아리스토텔레스는 정치 이론 최초의 대논쟁을 벌였다. 그들의 학문에 대한 이해가 이미 두 사람을 구분했다. 아리스토텔레스는 대상을 그 구성 부분들로 분해하여 각 부분을 연구하고 그들 서로 간의 관계를 파악하는 방식으로 접근했다(《정치학》 1권 1장). 이처럼 아리스토텔레스는 귀납적으로 작업했다. 아리스토텔레스는 기존 정치 질서의 헌법을 수집하여 그 전형적 특징과 장단점을 논의했다.

스타게이라의 아리스토텔레스(BC 384~322)는 아테나이에 오랫동안 거주했지만 마케도니아에서도 살았으며 특히 알렉산드로스대왕의 교사로 복무하기도 했다. 플라톤의 출발점은 오직 하나의 진리만 존재한다는 것이었던 반면, 아리스토텔레스는 다양한 지식 영역에 대해 다양한 인식적 접근 경로를 설정했다. 참된 명제는 의심할 여지가 없는 전제에서 나오는 논증적 결론의 형태로만 존재할 수 있다. 이는 무엇보다도 수학과 기하학에서 가능하지만 정치에는 의심할 여지가 없는 전제가 존재하지 않는다. 아리스토텔레스에 따르면 정치는 윤리학이나 수사학과 마찬가지로 행위나 활동과 관계되는 '실천적' 학문이다. 정치 행위는 미래 상황을 다루는 동시에 개연성을 고려해야 하는 논거에 기반하므로 여기에는 참된 명제가 있을 수 없다. 사람마다 정치에서 무엇이 옳은지에 대한 생각이 다르기 때문에 정치적 갈등을 유발할 수 있다. 학문적 서열상 정치학은 이론적 학문보다 아래에 자리한다. "인간은 우주에서 가장 고귀한 존재가 아니기 때문이다"(《니코마코스 윤리학》6권 7장 1141a 20 이하). 하지만 정치학은 인간에게 최상위 학문 분과다. 경제, 윤리 그리고 기술적 분과들을 그 안에 포괄하기 때문이다(《니코마코스 윤리학》1권 2장 1094a 26~1094b 7).

아리스토텔레스의 정치 관련 주저는 《정치학》이다. 《정치학》은 아리스토텔레스 사후에 편집된 강의 원고 모음으로 추정되며 그의 철학 학파인 소요학파 학생들을 가르치기 위한 것으로서 아리스토텔레스가 최종 편집하지 않은 것은 분명하다. 이 책에서 아리스토텔레스는 우선 정치적인 것의 본질을 다른 삶의 영역, 특히 가계 영역과 구별하여 다룬다(《정치학》1권). 그런 다음 연구의 상황을 논하며 플라톤과 다른 동시대 사람들(예를 들어 카르케돈의 팔레아스, 밀레투스의 히포다모스)의 정치체제 구상을 비판하고 스파르타, 크레타, 카르타고의 정치체제를 분석한다. 3권에서는 정체에 관한 일반적 질문들이 다뤄진다. 그리고 국가 형태론에 관한 질문들과 가장 중요한 2가지 경험적 정체 유형, 즉 과두정과 민주정에 관한 논의를 볼 수 있다. 4~5권에서는 정치체제와 시민 사이의 관계, 정부의 다양한 활동 방식(집행, 심의, 재판)과 그 병리, 즉 쇠퇴와 같은 특별한 문제를 다룬다. 6권에서는 과두정과 민주정의 발생 조건과 그 안정성의 근거에 관한 논의가 이어진다. 7~8권에서는 좋은 삶과 교육이 정치와 어떤 관계에 있는지, 최선의 정부 형태는 무엇인지에 관한 논의가 이어진다.

《정치학》은《니코마코스 윤리학》과《수사학》과 밀접한 관련이 있다.《니코마코스 윤리학》에서 아리스토텔레스는 특수한 정치적, 사회적 상황을 무시한 채 덕과 정의에 관한 일반적 문제를 다룬다. 오늘날까지 받아들여지고 있는 분배적(배분적) 정의와 교환적(평균적) 정의의 유명한 구분은 민사 분쟁 시 법정에서 판결을 내리는 배심원을 염두에 둔 것으로, 수많은 분쟁에 일반 지침을 제공하기 위해 매우 추상적으로 표현되어 있다. 산술적으로 균등하게 분배해야 할 재화(손해에 상응하는 균등한 보상)와 분쟁에 관련된 사람들의 품위에 따라 분배해야 하는 재화를 구분해야 한다. 후자는 무엇보다도 정치적 재화, 특히 관직이나 세금일 것이다. 여기서 아리스토텔레스는 능력이나 실적에 따른 비례적(기하학적) 평등을 권한다.

《정치학》에서 아리스토텔레스는 정치적 갈등 상황을 바탕으로 이러한 성찰을 정확히 표현했다. 상이한 견해들이 멋대로 평등을 규정함으로써 갈등의 진원을 이룬다. 오로지 하나의 특정한 평등 원칙을 모든 제도에 관철시켜 갈등을 회피하려 한 모든 시도는 좌초되었다. 이러한 정치체제들이 오래 가지 못했다는 사실은 이미 경험적으로 입증되었다는 것이다(《정치학》 5권 1장 1301b~1302a). 이 주장은 플라톤을 겨냥한 것이기도 했다.

윤리학과 정치학 사이의 한 가지 교차점은 가장 좋은 인간이 동시에 가장 좋은 시민이냐는 질문이다(《정치학》3권 4장). 이 질문에 플라톤은 그렇다고 답했지만 아리스토텔레스는 그와 반대로 질문을 분화했다. 그가 보기에 가장 좋은 시민의 덕은 그 시민이 살고 있는 정체의 요구와 일치해야 한다. 모든 정치체제는 저마다 가장 좋은 시민의 유형을 가지고 있으며 정치 질서 안에서의 지위에 따라 다양한 역할을 시민에게 요구한다. 나아가 정치체제를 유지하기 위하여 모든 시민이 동시에 가장 좋은 인간이어야만 하는 것도 아니다. 말하자면 정치학에서는 인간의 선에 대한 윤리적 질문에 대해 윤리학에서처럼 단순하게 답할 수 없다. 정치학에서 덕은 정치적 행위의 제도적 조건들과 관련이 있기 때문이다.

아리스토텔레스는 정치적인 것을 인간 조직과 협력의 특수한 형태, 즉 자유롭고 평등한 사람들하에서의 지배로 이해했다. 특별히 '정치적인' 통치에 대해서는 대안이 있다. 아리스토텔레스는 많은 야만인, 즉 비그리스인 (노예는 야만인과 동일시되었다. 《정치학》 1권 2장 1252b 9)에게 전형적이었던 '전제적' 지배를 언급했다. 이는 특히 페르시아제국에 널리 퍼져 있었는데 거기서는 주인이 재산을 관리하듯 대왕이 신민을 통치했다. 그리스 사회를 일별하면서 아리스토텔레스는 아버지의 자녀에 대한 지

배를 가정 재화에 대한 지배 그리고 배우자 간의 특수
관계에 대한 지배로부터 구별한다. 고대를 통틀어 노예
는 가정 재화의 일부였다. 이 모두는 오이코스oikos, 즉
가계에 속하며 가계를 관리하는 학문은 '경제학'이다.
이와 반대로 정치적 지배는 자유롭고 평등한 인간으로
서 마주하며 통치자 지위를 번갈아 맡는 사람들 사이에
서만 이루어진다.

　인간은 정치 공동체koinonia politikè에서만 자신의 사
회적 욕구를 충분히 발현할 수 있다. 인간은 본질적
으로 폴리스를 지향하는 생물, 즉 정치적 동물zoon
politikon(《정치학》 1권 2장 1253a 2~3)이며 나중에 라틴어로
표현된 것처럼 사회적 동물animal sociale이다. 이 라틴어
로 변형된 아리스토텔레스 표현에서 근대적 사회 개념
이 파생되었다. 아리스토텔레스가 정치와 사회를 구분
하지 않았다는 점을 제외하면 말이다. 아리스토텔레스
가 보기에 폴리스는 인간의 완성된 생활 형태다. 인간
은 자족自足(autarkeia)(《정치학》 1권 2장 1253a 1)을 위해 폴리
스에 있는 것이다. 자기 본질의 개화와 자기 보존에 필
요한 모든 생활 조건을 폴리스에서만 찾을 수 있기 때
문이다. 인간은 폴리스에서 자연적 욕구 충족(식량, 안

전, 출산)을 넘어서 선한 삶 내지는 규범적으로 완성된 삶을 추구한다(《정치학》 1권 2장 1252b 29~28, 1권 9장 1257b 41~1258a 1, 3권 1281a 1~2). 이처럼 아리스토텔레스는 정치에 크게 주목함으로써 정치적 생활양식 대신 이론적 생활양식이 가장 완성된 생활양식이라고 규정했던 플라톤과 거리를 둔다(정치적 삶bios politicos, 플라톤 《테아이테토스》 172c~176b). 정치 공동체는 자유롭고 평등한 시민들이 서로 연결되는 것뿐만 아니라 무언가에 공동으로 참여하는 것도 의미한다. 이로부터 개개인의 이해와는 다른 시민의 공동 이해가 생겨난다(《정치학》 3권 6장 1279a 18 이하).

아리스토텔레스는 정치 질서가 최대한의 통일성을 추구해야 한다는 플라톤의 견해에 반박한다(《정치학》 2권 2장 1261a 15). 정치 공동체는 본질적으로 정적인 통일성이 아니라 수적인 다양성이다. 아리스토텔레스가 보기에 통일성에 대한 요구는 정치에서보다 가정 질서에서 더 의미가 있다. 정치에 대해 그 같은 요구를 한다면 정치의 기능이 위태로워질 것이다. 하나 됨이 진전되면 정치는 가정과 가정 특유의 전제적 통치 방식을 닮아갈 것이다(《정치학》 2권 2장 1261a 17 이하).

재산 공유에 관한 질문에서 아리스토텔레스는 플라톤이 중심 문제를 인식했다고 인정했지만 그 해결책이 의도하지 않은 결과를 초래한다고 비판했다. 사회적 차이가 평준화된다면 그로부터 나타나는 특수한 성취도 사라질 것이다. 폴리스 내부에서 모든 사람이 친구나 친척으로서 만나게 된다면 우정이나 친족 같은 특수한 관계는 쉽게 마모되고 친밀한 관계나 배려 관계는 잊히게 될 것이다. 플라톤이 주장한 부인과 재산 공유 대신에 아리스토텔레스는 우정을 내세웠다. 물론 우정에는 다양한 형태가 있다. 근대적으로 말해 피호被護 관계나 당파적 유대는 인격적 우정과 다른 것으로, 두 형태는 갈등에 휩쓸릴 수 있다(《정치학》 3권 11장 1281b 6 이하).

아리스토텔레스에게 정치적 통일성은 구조를 한번 확립함으로써 보장할 수 있는 상태가 아니라 실천 활동의 목표다. 이를 위해서는 먼저 다원성으로부터 실제로 유효한 통일성을 창출해야 한다. 그리고 이를 위한 지렛대는 교육이다(《정치학》 2권 5장 1263b 30 이하). 하지만 아리스토텔레스는 플라톤의 모범인 스파르타의 교육 모델은 지나치게 일방적이라고 거부했다. 시민은 전쟁 시에도 평화 시에도 유능해야 하며, 특히 평화 시에는 특별한 역량이 필요하다. 전쟁에서는 상황의 필연성이 올바른 행위를 결정하지만 평화 시기에는 올바른 정치를 인식하기 어려우므로 오히려 무정부 상태가 도래할 가능성이 커진다. 따라서 교육은 시민들의 군사적 용맹함과 마찬가지로 시민의 지적 도야를 목표로 삼아야 한다. 그래야만 필요한 규율과 올바른 원칙을 전쟁 시기뿐만 아니라 평화 시기에도 준수할 수 있다(《정치학》 7권 14장 1334a 22~32).

플라톤과 아리스토텔레스는 매우 근본적인 질문을 제기했다. 모든 정치의 기반이 되는 보편적 원칙이 존재하며 우리는 이를 인식할 수 있는가? 그렇지 않다면 정치적 실천 그 자체로부터 정치의 규칙이 인식되어야 하는가? 마지막 질문은 정치의 궁극적 원칙에 대한 최종적 확신이 존재하지 않는다는 의미일 것이다. 이 논쟁은 플라톤과 아리스토텔레스에 의해서 종결되지 않았다. 그들 논증의 기본 형태는 오늘날까지 찾아볼 수 있다. 민주주의를 동등한 지위를 갖는 견해들의 교환으로 이해한다면 민주주의 이론은 아리스토텔레스와 결합할 것이다. 이와 반대로 민주주의가 시민의 동의에 정당성이 좌우되지 않는 보편적 척도를 가져다주길 기대한다면 플라톤이 다시 시의적이다. 플라톤과 아리스토텔레스 저술의 지속적 수용은 두 갈래 길처럼 사상사를 관통했다. 이는 특히 중세에 플라톤주의와 아리스토텔레스주의라는 서로 분명하게 구분되는 학파를 이루었다.

2. 히포의 아우구스티누스와
파도바의 마르실리우스
중세의 신앙, 교회 그리고 정치

히포의 아우구스티누스(354~430)와 파도바의 마르실리우스(대략 1275~1342) 사이에는 정치사상의 중세, 즉 고대와 근대 초기 사이의 시기가 자리 잡고 있다. 중세 정치사상의 논증 방식과 주제는 현대의 독자들에게 다소 생소할 수 있다. 중세 기독교 작가들은 주로 성서 해석이나 교부와 고대 철학자들과 같이 인정받는 '권위자'에 의거하여 자신들의 논증을 전개한다고 말한다. 이 시기에는 원본들이 유실되어 미진하기는 했지만 그래도 고대 문헌들, 특히 플라톤과 아리스토텔레스의 저작이 집중적으로 수용되었다. 하지만 이 문헌들은 항상 중세 정치에 대한 이론적 성찰의 중심에 있던 종교를 통해 전달되었다. 아우구스티누스는 최종적인 신의 통치로 이행하는 도중에 마지막으로 자리하는 세계에서 기독교의 구원론과 삶의 요구가 결합할 수 있는지 물었다.

이와 달리 파도바의 마르실리우스는 교회가 그동안 정치권력이 되어버렸다고 주장하며 정치를 종교와 신학의 품에서 떼어냈다. '정치와 종교'라는 주제는 분명 근대에서도 사라지지 않았으며, 이는 다시 중세에 관한 관심을 키웠다. 하지만 종교와 그 세속 조직의 문제가 새로운 사상을 낳았다는 사실을 잊어서는 안 된다. 특히 오늘날 신학적 뿌리를 거의 알아볼 수 없는 대표의 개념이 이때 만들어졌다.

신의 나라

고대에는 종교적 의례가 정치적 실천을 가득 채우고 있었다. 기독교는 로마의 제례에서 많은 것을 넘겨받았다. 예를 들어 '성사sacramento'는 장엄하고 종교적 의미를 지닌 로마 군인의 군기軍旗에 대한 맹세였다. 따라서 기독교 입교, 즉 세례를 그러한 성사로 표현하는 것은 당연했다(테르툴리아누스). 이미 키케로가 신들의 세계에 관한 인간의 이해와 그 주제화의 사회적 기능에 관한 위대한 연구를 발표했다(BC 45년의《신들의 본성에 관하여》). 키케로에 앞서 마르쿠스 바로는 훗날 아우구스티누스가 논한 신학의 3가지 변형태를 구분했다(《신국론》 6권 5

장). 신화적 신학은 시인들이 "극장을 위해" 고안해낸 신들의 세계에 관한 묘사다. 자연신학은 철학자들이 고안해낸 자연철학이다. 정치신학은 정치 공동체를 제례 공동체로 신성화하려는 의도로 정치 질서가 필요와 전통에 따라 종교를 실천하는 영역을 포함한다.

아우구스티누스는 로마제국의 북아프리카 속주에서 태어나 기독교가 이미 로마 국교로 승격되고 황제가 기독교 교회의 중심적 지위를 받아들였던 시대를 살았다. 서방 교회에서 로마교황권은 몰락해가는 황제권에서 벗어나 정신적, 세속적 권력으로 자리매김했다.

아우구스티누스는 처음에 상류층의 전형적 교육 과정인 수사학을 공부했다. 수사학은 정치 질서가 쇠퇴하는 와중에도 옛 로마 시의회 엘리트들의 법률적, 정치적 기술로 남아 있었다. 아우구스티누스는 386년 8월 밀라노에서 개종 체험을 한 후 기독교에 헌신했으며 395년 북아프리카 히포의 주교가 되었다. 당시 교회는 200년에 걸친 로마제국과의 밀착 정책 후 위기에 처해 있었다. 이 위기는 기독교의 내세 지향적 해석 및 세속에서 도피하려는 경향과 그리스철학을 지향하는 해석(펠라기우스주의)이 끊임없이 긴장 관계를 이루며 두드러졌다. 게

다가 410년 8월 24일 서고트족의 로마 점령은 정당성 위기를 일으켰다. 국교가 된 기독교가 그 내세 신앙과 사랑의 윤리를 가지고 서로마제국의 저항력을 안에서부터 약화시킨 것은 아닐까? 이웃에 대한 사랑과 평화에 대한 열망으로 어떻게 야만인들을 효과적으로 막아낼 수 있었을까?

이러한 정치사상적 상황에서 아우구스티누스는 기독교 윤리와 세속적 요구, 정치 질서와 내세에 대한 기대를 서로 매개하려 했다. 아우구스티누스는 질서 정연한 수도원과 교회 제도를 만들어냄으로써 은둔 생활을 사회계약적 경로로 유도했다. 아우구스티누스는 또한 제국 군대의 도움을 받아 이교도들을 제압했다. 그러나 작가로서 아우구스티누스는 기독교와 로마제국 사이의 관계, 이 세계에서의 삶과 내세에의 기대 사이의 관계를 새롭게 규정하려 했다. 이를 위하여 아우구스티누스는 로마 점령 직후 《신국론》의 저술에 착수하여 413년부터 426년까지 작업했다.

《신국론》에서 아우구스티누스는 정치철학과 신학, 역사철학을 결합하여 기독교인이 신의 통치에 대한 믿음을 간직하는 가운데 정치 질서와 맺는 관계를 해명하려

했다. 연대기식으로 구조화되어 있던 로마 역사서들(특히 암미아누스 마르켈리누스의 역사서 《행적Rerum Gestarum》, 391년 전에 완성됨)과 달리 아우구스티누스는 역사의 가정적 종말로 향하는 종말론적 역사관을 발전시켰다. 아우구스티누스에게 역사는 원죄와 최후의 심판이라는 두 중심 사건 사이에 자리했다. 그 사이 모든 시간은 중간기나 과도기다. 아우구스티누스에 따르면 인간은 눈에 보이는 세계에서 순례자처럼 방황하지만 하나의 목적지를 향해 달려가고 있다. 그 목적지는 부분적으로만 보이는 다른 세계, 즉 천상의 나라에 속한다(두 국가론). 이렇게 이행하는 동안 인간은 두 나라에 속한다. 그는 지상의 나라civitas terrena의 시민이자 천상(신)의 나라civitas Dei의 시민이다. 이처럼 교회는 천상의 나라의 본질적 부분이며 성자들을 품지만 마찬가지로 지상의 나라의 작용을 받는다. 말하자면 교회의 성직자들도 실수하고 오류를 범할 수 있다. 최후의 심판에 이르러서야 누가 신의 은총을 받게 될지 알게 될 것이다. 이 세상의 삶 속에서는 불의한 자들 또한 교회에 속해 있다. 그러므로 교회에서 신성함을 구성하는 것은 성직자가 아니라 성사다. 반대로 로마제국은 지상의 나라의 본질적 부분이지만 정의나 평화나 교회 보호를 위해 노력한다면 신의 나라로 가는 길을 배태할 수 있을 것이다.

아우구스티누스에 따르면 천상의 나라는 지상의 나라를 평가하는 규범적 척도들 속에서, 말하자면 정의의 개념 속에서 지상의 나라로 솟아오른다. 아우구스티누스는 "정의 없는 정부란 거대한 강도 떼가 아니고 무엇인가?"《신국론》 4권 4장)라고 묻는다. 정치적 폭력은 그 기원이 정치의 외부에 있는 목적을 통해서만 정당화된다. 그러나 아우구스티누스는 정의와 평화를 신학적 시각으로 정의했다. 최후의 정의는 신에게 있으며 완전한 평화는 영혼의 평화로서 오로지 신에게서만 나타난다. 한편 아우구스티누스는 기독교적 사랑의 윤리를 지상의 나라의 행위에 무차별적으로 적용하기를 거부했다. 법률에 따라서 행동했다면 사형을 선고하는 기독교인 판사는 기독교인 사형집행인이나 병사들과 마찬가지로 살인하지 말라는 계율을 위반한 게 아니라는 것이다 (387~395년경에 쓰인 《자유의지론》 I, 5, 12).

아우구스티누스의 견해에 따르면 신은 끊임없이 죽임을 명해왔다. 이점을 그는 정의로운 이성의 이론으로 설명한다. 이성의 집행인은 그 권위를 통하여 그리고 법률의 도움을 받아 집행하는 정치 질서다(《신국론》 1권 21장).
우선 적대자의 부당함이 폭력의 사용을 강요한다(《신국
론》 19권 17장). 모든 부당함은 인간의 타락이라는 사태로
부터 나온다. 인간은 원죄 때문에 악하다고 중세 전체
를 지배한 아우구스티누스의 인류학은 말한다. 인간이
천국에서 자유를 오용함으로써 종種이 규정되었다는 것
이다. 이로부터 지배의 필연성이 파생된다. 인간은 자신
의 힘으로 자신을 통치할 수 있는 상태에 있지 못하기 때
문이다. 그리고 이것이 모든 정치 질서를 정당화한다.

　　인간은 신 안에서의 완전한 평화에 대한 열망에서 나
타나는 사랑과 현세에의 물리적 뿌리내림, 즉 육신 사
이의 긴장 안에 서 있다. 이러한 긴장 속에서 인간의 행
위는 자신의 결핍을 항상 불완전하게 다루는 것이라고
아우구스티누스는 묘사할 수 있었다. 제도의 조정력이
없다면 인간은 구원을 찾을 수 없을 것이다. 전쟁, 질병,
지배 구조, 심지어 노예제도와 같이 부당한 제도도 아
우구스티누스에게는 죄 많은 인간을 벌하기 위한 신의
조치다. 이 세계에서는 결핍으로부터의 구원이 이루어
질 수 없다. 따라서 이 세계가 결핍 상태를 극복할 것을
이 세계로부터 기대할 수 없다. 신에게 있는 평화 안에

서야 비로소 이성은 죄악의 통치를 멈출 수 있다(《신국론》 19권 27장).

아우구스티누스에게 죄악의 극복은 가부장적 폭력에서 정치적 지배에 이르는 모든 폭력 관계를 정당화한다. 마지막으로 아우구스티누스가 전쟁을 정당화했음도 알수 있는데 이에 관한 표현은 그의 전체 저작에 흩어져서 나타난다. 이는 후대의 프랑스 교회법학자들, 특히 샤르트르의 이보에 의해 수집되어 교회법의 기본 텍스트인 《그라티아누스 교령집Decretum Gratiani》[당대 통용된 교회법의 모든 연원 모음집이다-옮긴이]의 해당 조항에 영향을 주었다(Reibstein 1957, 129~136). 여기에 따르면 사랑의 윤리는 외적 행동이 아닌 내적 성향에 관계된다. 전쟁도 이웃에 대한 사랑으로써 수행될 수 있다. 피정복자를 동정하여 그가 훼손한 예전의 정의로 그를 되돌리는 데 전쟁이 도움이 된다면 말이다. 이처럼 평화를 위해 그리고 사악한 자들을 벌하고 선한 자들을 구하기 위해 전쟁을 수행하는 사람은 정의로운 전쟁을 수행하는 것이다.

아우구스티누스는 전쟁을 정당화했던 최초의 인물이 아니었다. 그에 앞서 특히 키케로가 이미 전쟁을 정당화한 바 있었다. 아우구스티누스도 키케로를 세심하게 받아들였다. 하지만 고대의 저자들은 합법성에 대해 산발적으로 언급하는 가운데 정치적 행위 도식을 오히려 서술적으로 묘사했다. 그러면서 그들은 가령 법의 재건과 동맹의 방위를 위한 전쟁을 정당화했다. 그 반면 아우구스티누스는 물질적, 형식적, 의도적 측면을 연관시키는 이론의 구성을 시도했다. 이를 가장 명확하게 표현한 인물은 13세기의 토마스 아퀴나스다(《신학대전》 2부 2편 문제 40번). 그에 따르면 정당한 전쟁을 위해서는 군주의 권한auctoritatis principis(전쟁을 수행하려면 권한을 위임받아야만 하며, 로마서 바울의 가르침에 따르면 신이 임명한 군주에게 그 권한이 있다), 정의로운 것의 옹호iusta causa 그리고 올바른 의도intentio recta가 필요하다.

중세 정치사상계에서는 수장으로부터 구축되는 정치질서(신권정치)가 선호되었으며 교황과 황제에 초점을 맞춘 이론이 형성되었다. 이 둘의 관계에 관한 질문들이 12세기에서 14세기까지를 지배했다. 그러나 우선순위나 정당성만의 문제가 아니라 중요한 권력정치적 이해관계가, 과세와 관직 임용이 문제가 되었다. 주교는 교황의 승인에만 따르는가, 아니면 세속 제후들도 공동으로 발언권을 행사할 수 있는가? 왕이나 심지어 황제조차 교황에 의해 임명되지 않았던가? 그렇다면 그들은 다시 교황에 의해 폐위될 수 있지 않은가? 유럽의 정당한 정치권력을 둘러싼 이 투쟁에서 황제와 교황이라는 두 거대 정점 사이에 틈이 생겼다. 그리고 그 틈을 채우는 법을 완전히 다른 정치 행위자와 단체가 알고 있었다. 사람들은 수많은 결사체를 조직했으며, 특히 도시에서는 늦어도 12세기 이후 교회와 제후 권력자들에 맞서 자치 정부 정권을 구성했다. 이제 정치적 실천에서 확립된 것, 예컨대 시민 선거를 통한 공직자 선출 등을 위한 적절한 이론적 성찰이 모색되었다. 그러던 중 14세기에 고전 문헌들이 전면에 등장한 것이다. 아리스토텔레스의 텍스트가 그러했으며 그와 나란히 키케로의 저술(특히 《의무론》)이 대두되었다. 이 문헌들은 신학적, 스콜라철학적 논쟁에서 어떤 역할도 수행하지 못했거나 완전히 달리 해석되던 것이었다.

평화의 수호자와 도시

이 같은 상황에서 파도바의 마르실리우스에 의해 《평화의 수호자》가 쓰였다. 마르실리우스는 파도바에서 많은 지역 관직을 역임해온 파도바의 도시귀족 마이나르

디니 가문 출신이었다. 그는 파리대학에서 의학을 공부하고 잠시 같은 대학에서 총장을 지내기도 했다. 마르실리우스는 당시 북부 이탈리아의 질서 유지 세력이었던 황제 지지자 기벨린당을 지지했다. 그 자신의 진술에 따르면 《평화의 수호자》는 1324년 6월 24일에 마무리되었다. 처음에 이 책은 익명으로 출간되었는데 교황의 권력 요구에 대한 급진적 비판으로 출간 즉시 공격을 받았다. 1326년 마르실리우스가 이 책의 저자임이 밝혀졌고 그는 파리를 떠나야만 했다. 다른 교회 비판자들 (특히 영국의 신학자이자 철학자 오컴의 윌리엄)처럼 마르실리우스도 로마와 독일의 왕 루트비히 4세의 뮌헨 궁정으로 향했다. 거기서 그는 왕의 자문단에 속하게 되었다. 마르실리우스는 왕의 이탈리아 여행 때 그를 수행했으며 1328년 1월 7일 왕과 함께 로마에 입성하여 루트비히가 교황의 협력 없이 황제로 명명되는 것을 목격했다. 교황은 파문으로 황제에 맞섰고 이에 대해 황제는 대립 교황을 임명했는데 이는 마리실리우스의 이론을 따른 조치였다. 하지만 전체적으로 황제의 정책은 실패했다. 1330년 마르실리우스는 루트비히와 함께 뮌헨으로 돌아왔다. 마르실리우스는 생을 마칠 때까지 뮌헨에 머무

르며 다수의 소견서와 소책자를 통해 황제의 정책을 계속 지원했다.

마르실리우스는 성서 기록을 가지고도 논지를 전개했다. 그러나 무엇보다도 마르실리우스는 아리스토텔레스를 수용했는데, 이는 북부 이탈리아 도시국가에서 자신의 개인적 경험에 따른 것이었다. 마르실리우스는 정치 질서 내 불화의 원인에 관한 아리스토텔레스의 이론을 바탕으로 아리스토텔레스가 현재의 가장 중요한 방해 요소인 교회를 알지 못했다고 강조했다《평화의 수호자》1권 19장).

교황 보니파키우스 8세의 교서 〈우남 상크탐Unam Sanctam〉(1302)은 세속 권력에 대한 전례 없는 요구를 내세움으로써 마르실리우스 이론의 동인動因이 되었다. 마르실리우스는 교황의 교서를《평화의 수호자》에 그대로 옮겨 싣고 교황이 황제의 일에 간섭하여 평화를 위협한다고 공격했다(2권 20장 8절). 마르실리우스는 교황을 "타락한 뿌리의 부패" 때문에 극복해야 하는 "타락한 역병"에 비유했다(1권 19장 13절). 마르실리우스는 종교나 교회 자체를 비판한 것이 아니라 교회가 세속 권력으로 발전하는 것을 비판했다. 마르실리우스는 교회가 청빈과 정신적 승화를 통해 형성된 원시 교회의 모범을 따라야 한다고 생각했고 프란치스코회의 청빈 사상을 찬양했다. 예수와 제자들도 세속의 강제력에 복종했을 것이다(2권 4장 13절).

《평화의 수호자》라는 제목은 도시의 평화를 수호하겠다는 파도바 관리들의 서약을 연상시킨다. 이것이 이미 마르실리우스 정치 이론의 방향을 가리키고 있다. 마르실리우스에 따르면 정치적 행위의 목표는 영혼의 치유나 영적 목표가 아니라 세계 내의 평화를 추구하고 보장하는 데 있다. 위계 역시 아우구스티누스가 주장했던 것처럼 원죄의 결과가 아니라 온전히 인간적 규약의 결과(1권 19장 8절, 2권 15장 6절)이며, 따라서 변화할 수 있다.

마르실리우스는 규정으로 작성된 것만을 구속력 있는 법으로 받아들였고(1권 10장 5절) 그럼으로써 법률의 내용이 아니라 입법이 결정적이라는 실정법의 정의를 세웠다. 불합리한 법이라도 절차적으로 올바르게 제정되었다면 유효하다는 것이다(1권 10장 5절). 마르실리우스는 신학이 정치에 부과한 것과 같은 특정한 정의의 표상에 따른 외적 기준을 부차적이라고 거부했다. 세속 내부의 질서는 그 고유한 법을 따른다. 이 법은 일반적 지침들에 의해 운용되어야 하지만 시민이 스스로 부여한 것이다. 여기에는 법의 지배, 공익, 시의회 정부의 우위가 포함되는데, 선출된 정부가 그렇지 않은 정부보다 우월하기 때문이다. 세습군주제는 종종 부적절한 후계자를 배출하는 문제를 낳는다. 따라서 선출을 통해 좀 더 지속적인 정치 질서를 세울 수 있다(1권 9장 7절). 그 직전에 쓰인 스콜라적 아리스토텔레스 주석서들, 예컨대 오베르뉴의 피에르(1304년 사망)의 주해서는 왕위 세습을 선호했다. 피에르와 같은 이들에게는 '군중', 즉 다수의 평범한 사람들이 입법을 할 만큼 현명해 보이지 않았기 때문이다. 하지만 마르실리우스는 아리스토텔레스를 완전히 다르게 해석했다. 전문가보다 군중의 판단이 더 현명하다고 인정하는 총계 이론(《정치학》 3권 11장)에서 마르실리우스는 법의 정당성은 시민 전체civium universalitas 또는 최소한 시민 유력자valenciorem partem 전체를 통한 입법에 의거한다는 결론을 이끌어냈다(《평화의 수호자》 1권 12장 3절과 5절). 모든 시민과 관계되는 입법은 일반적 시민 집단에 의해 의결되어야 한다(1권 12장 7절). 로마법의 절차 규정을 넌지시 암시하는 이 공식화는 민주주의적 자결권이 계속해서 관철되는 데 큰 의미를 갖게 된다. 말하자면 모두와 관계되는 것은 모두에게 승인받아야만 하는 것이다.

인민은 입법권을 가질 권리가 있으며 법의 원천이다 (3권 6장). 그러나 '인민'이란 무엇인가? 마르실리우스는 아리스토텔레스와 《의무론》을 쓴 키케로를 따라 평민 vulgus 내지 서민plebs과 시민층civis, 대중populus을 구분한다. 마르실리우스는 아리스토텔레스에 이어 민주정을 혼합정의 퇴화로 정의한다. 혼합정에서는 시민층이 지배하지만 민주정에서는 서민(군중multitudo이나 평민vulgus)이 지배한다(1권 8장 2절). 마르실리우스가 말한 '유력자'는 도시귀족을 가리키는 것처럼 들린다. 그러나 마르실리우스는 배우지 못한 다수의 사람도 상당한 정치적 판단력을 지녔다는 점을 입증하려 애썼다. 정신노동을 위한 여가가 부족하기에 그들은 확실히 학식이 부족하지만 정치적 행위에 관한 문제를 이해하고 이에 관해 책임질 수 있는 판단을 내릴 수 있다는 것이다(1권 13장 4절). 다수의 평범한 시민들은 스스로 좋은 법안을 발의하지는 못할 것이다. 하지만 그들의 특별한 이해관계로 인해 법안의 단점을 배운 사람들보다 더 잘 인식할 수 있을 것이다(1장 13장 7절). 그래서 마르실리우스는 입법 회의를 교육받은 사람들과 교육받지 못한 사람들을 혼합하여 구성할 것을 주장했는데, 이는 당시로서는 매우 비범한 성찰이었다. 그렇지만 마르실리우스는 근대 인민주권론의 선구자로 꼽히지는 않는다. 민주주의에 특징적인 평등한 인민의 개념이 결여되어 있기 때문이다. 하지만 당대 담론에 비추어 볼 때 정치적 지배에의 인민 편입과 관련하여 마르실리우스보다 더 급진적인 사람은 아무도 없다.

교회 내부에서도 교회를 세속 기구로 이해하려는 문제를 둘러싸고 투쟁이 일어났다. 개혁 정치적 교회운동인 공의회주의는 구속력 있는 입법이 공의회에서 이루어져야 한다는 이념을 따르고 있었다. 입법은 교황만의 전유물이 아니었다. 15세기에 정점에 달했던 이 운동은 마르실리우스의 이론에 기초한 것이었다. 공의회주의의 배경은 교회 그 자체의 대표에 관한 질문이었다. 누가 누구를 위하여 무엇을 대표하는가? 대표되는 그 무엇은 성령과 같은 영적 요소를 포함하여 대표되는 순간에 존재하는가? 아니면 일종의 법률적 대리, 부재하는 타자들을 위한 행위가 관건인가? 대표에 관한 모든 근대 정치의 이념은 종교와 정치의 중간 영역에서 전개된 이 최초의 성찰들에서 출발한다. 마르실리우스는 법률적 자기 구속의 절차적 측면에 가치를 두었다. 그에 따르면 입법 절차 역시 관계자들 자신들을 통해 확정되는 것이다. 이와 함께 마르실리우스는 시민 총회와 시민을 대변하는 대표 단체들의 관계에 대해서도 논구한다(1권 13장 8절). 그는 이 성찰을 교회 공동체와 그 총회의 이념에도 옮겨놓았다(2권 19장 3절).

중세에는 근대 민주정에서도 유효한 문제들이 제기되었다. 피통치자들은 대표 행위, 예컨대 의회 입법을 통해 얼마나 강하게 결합될까? 인민의 이름으로 행동하고 말하는 것은 무엇을 뜻하는가? 이는 근대만의 문제가 아니다. 모든 형태의 자기 조직화는 이런 문제들과 씨름해야 한다. 여기에 공동의 결의에 대한 내적 결합의 질문이 더해진다. 신성한 결합은 필요할까? 이는 종교적 신앙이나 '진리'에 근거할 수 있을까? 정의에 관한 표상들의 내용은 어디서부터 비롯되는가? 그리고 서로 다른 정의의 표상들이 충돌하면 무슨 일이 일어날까? 마르실리우스에게서 시작되었던 것은 15, 16세기에 정치가 종교로부터 분리되면서 완성되었다.

3. 토머스 모루스와 니콜로 마키아벨리
유토피아와 권력 유지 사이의 정치

니콜로 마키아벨리의 《군주론》은 1513년에, 토머스 모루스Morus[모어Moore의 라틴어 이름-옮긴이]의 《유토피아》는 1516년에 출간되었다. 두 저작은 중세 말에서 근세 초로의 이행기에 정치 이론이 얼마나 변화했는지를 보여준다. 특히 도덕과 정치의 관계가 새롭게 규정되었다. 정치적 주장을 위한 권위 있는 근거로서 성서 기록을 더 이상 끌어오지 않아도 되었다. 마르실리우스에게서 시작되었던 것이 여기서 완성되었다. 정치가 고유한 밥칙성을 가지며 고유한 접근법을 요구한다는 인식이 바로 그것이다. 모루스와 마키아벨리가 소급했던 전통은 매우 상이했지만 두 사람에게는 정치적 실천과 관련한 경험을 했다는 공통점이 있었다.

유토피아의 정치

토머스 모루스(1478~1535)는 인문주의자였다. 인문주의란 고대나 신학 기록에 관한 지식을 바탕으로 정치와 법의 문제에 좀더 주목한 지식인들의 운동이다. 원래는 성서 기록의 재구성에 대한 신학적 관심이었던 것이 언어와 문법에 대한 심도 있는 천착, 즉 원 텍스트의 언어적 복원을 향한 열망으로 이어졌다. 그러면서 신학적 대상을 다루지 않은 고대의 텍스트에 대한 평판도 높아졌다. 가령 모루스는 마르틴 루터도 매우 존경한 당대의 최고 문헌학자인 로테르담의 에라스뮈스와 같은 인문주의 학자들과 폭넓게 교류했다.

모루스는 처음에는 사제직, 심지어 세상을 등지는 수도사의 삶에 관심을 보였지만 법률가가 되었다. 이는 정치 경력으로 이어졌다. 모루스는 1504년 또는 늦어도 1510년에 의회에 진출하고(런던시 의원으로 1523년 하원 의장에 오른다) 1518년 헨리 8세의 추밀원 의원이었으며 1529년에는 왕국 재상에 임명되었다. 왕이 자신의 우위를 보장하기 위해 영국 국교회를 세우자 모루스는 양심을 이유로 사임했다. 충성 서약을 거부했기 때문에 모루스는 1535년 말 유죄 판결을 받고 참수형에 처해졌다.

'유토피아'라는 단어는 신조어였으며 지리적으로 정확히 특정할 수 없는 장소, 즉 '아무데도 없는 곳'을 뜻한다. 유-토피아u-topia는 에우-토피아eu-topia로 전용되면서 좋은 곳, 행복한 곳을 뜻하게 된다. 이 언어유희는 진지한 주제를 장난스럽게 다루고 있음을 보여준다. 말하자면 당대의 정치적, 사회적 결함에 대한 반反구상으로서 완벽한 정치 질서를 묘사한 것이다. 《유토피아》는 허구의 이야기를 풀어낸다. 작가는 그를 만나고 싶어 한 어느 여행자의 이야기를 통해 유토피아라는 먼 섬나라에 관해 알게 된다. 이 여행자의 이름은 라파엘 히슬로다이우스인데 히슬로다이우스hythlodaeus란 이름은 '허풍선이' 같은 것을 의미한다. 라틴어로 쓰인 《유토피아》는 인문주의자를 위한 인문주의자의 저작이다. 그리고 이 글을 평가하며 서신 교환을 통해 서로 열렬히 비판하고 주해를 달았던 언어 분야에 조예가 깊은 지식인들을 위한 언어적 대작이다. 그들 중에 에라스뮈스와 빌리발트 피르크하이머[1470~1530, 독일의 르네상스 인문주의자-옮긴이]가 있었다. 이 서신 중 일부는 1518년 바젤에서 인쇄된 판본에 실렸다.

그러나 거명된 인문주의자들은 문필가였을 뿐 아니

라 정치적 조언자이기도 했으며 이와 결부된 위험을 알고 있었다. 정치적 조언은 《유토피아》에서 모루스[토머스 모루스는 자신과 이름이 같은 인물을 등장시켰다-옮긴이]와 라파엘 사이의 첫 대화에서 논의된 주제이기도 하다. 그런 다음 절도 문제는 영국 사회의 경제적 구조 분석으로 이어진다. 라파엘이 제시한 해법은 소유의 사회화다. 이 방안이 터무니없다고 모루스가 말하자 라파엘은 공동 소유가 사회구조의 토대가 되는 섬나라 유토피아의 이야기를 들려준다. 이어서 유토피아의 사회적, 정치적 질서를 생생하게 보여주는 이야기들이 전개된다. 모루스의 《유토피아》는 플라톤의 《국가》를 떠올리게 한다. 추정하기에 《국가》는 유토피아 사람들에게도 알려져 있는 듯하다. 하지만 유토피아의 정치 질서가 마치 실재한 듯이 제시했다는 점에서 모루스는 플라톤과 구별된다.

《유토피아》에서 대두되는 것은 사회구조의 사회 정치적 계획 가능성이다. 과학적 지도가 복지와 안녕을 가능하게 해준다. 권력자가 현명한 조언을 들을 필요는 없다. 조언자 자신이 권력을 가져야 한다. 모루스는 여기서 플라톤의 아이디어를 취하지만 유토피아의 장래와 변화를 현실적으로 묘사함으로써 그 아이디어를 가능한 것의 영역으로 인도한다.

사적 소유를 모든 정치의 중심 문제로 여긴다면 유토피아는 거의 완벽한 해결 방안이다. 물질적 불평등을 통해 생겨나는 결핍과 일탈 행위를 피할 수 있다. 그 결과는 복지국가이다. 그곳에서는 누구도 굶주릴 수 없다. 그 나라는 자족적이어서 스스로 존재하며 무엇에도 종속되지 않는다. 하지만 다른 평가 척도는 매우 양가적인 결과로 이어진다. 유토피아 사람들은 노예를 보유하며 다른 나라 사람들(자폴레트인들)을 용병으로 뽑아 전쟁을 맡기고 적국의 정치인을 살해하면 현상금을 받는다. 종신토록 통치하는 지배자들은 공포와 테러를 지배 안정화 수단으로 이용한다. 《유토피아》에서 모루스 자신은 라파엘만큼 열광적이지는 않지만 유토피아의 개별 측면들을 받아들일지에 관해서 숙고한다.

모루스의 《유토피아》는 유토피아 정치 이론의 시조이자 모범이다. 유토피아라는 텍스트 장르는 그 스펙트럼이 넓다. 모루스의 전통에 서 있는 정치 체계 구상은 프랜시스 베이컨의 《새로운 아틀란티스》(1627. 베이컨의 사후 간행)와 제임스 해링턴의 《오시아나 공화국 The Commonwealth of Oceana》(1656)에서 찾아볼 수 있다. 안정적이고 능률적인 정치 질서의 창출에 관한 이 현실주의적 성찰들은 동시대의 기독교적 유토피아와 구별된다. 특히 기독교적 삶의 이상을 완벽히 세우려 시도한 요한 발렌틴 안드레의 《기독교인의 도시Christianopolis》(1619)와 토마소 캄파넬라의 《태양의 나라》(1619)와 구별되는 것이다. 기독교적 이상을 인간 존재와 자연환경의 조화라는 생태적 이상으로 대체하기는 했지만 《에코토피아》(1975)를 출간한 어니스트 칼렌바크 같은 현대 작가들도 이 전통 안에 있다. 유토피아 장르의 또 다른 형태는 소위 '부정적' 유토피아 또는 디스토피아이다. 이들은 기존 정치 질서의 개별 측면이나 발전 경향을 끄집어내어 극단화시켜 바라보면서 기존 정치 질서를 비판한다(예브게니 이바노비치 자먀찐, 《우리들》, 1921; 올더스 헉슬리, 《멋진 신세계》, 1932; 조지 오웰, 《1984》, 1949).

문학적 허구인 유토피아는 실제로 체험할 수는 없지만 생각해볼 수는 있는 정치 공동체를 구상할 수 있게 해주었다. 이렇게 구상된 정치 공동체는 작가와 독자가 분석하고 비판하는 정치적 실재의 반영이다. 주제가 되는 것은 이상 국가(대개 20세기에 쓰인 부정적 유토피아의 후기 사례들을 제하면)지만 그것이 이론적이 아니라 입체적, 실천적으로 기술되었다. 그리하여 이상 국가는 매우 폭넓은 독자에게 다가갈 수 있었고 또 그렇게 되기를 원했다. 고유한 실재를 낯선 시각으로 바라보는 방식은 동시대 구조의 민낯을 드러내준다. 미화하지도 않고, 또 그 시대의 의미론적, 논증적 관례들을 고려하지도 않으면서 말이다.

공화국과 권력정치

니콜로 마키아벨리(1469~1527)는 이탈리아 르네상스의 폭넓은 정치 담론을 활용할 수 있었다. 페트라르카(1304~1374)를 시작으로 레오나르도 브루니(1369~1444)에 이르기까지 이탈리아인들은 인문주의자의 제1군에 속했다. 하지만 그들의 문헌학적 관심은 무엇보다도 고대와 그들의 정치적 고향인 도시들에 대한 역사적 관심과 결합되었다. 브루니는 아리스토텔레스의 《경제학》과 《니코마코스 윤리학》, 《정치학》을 라틴어로 옮김으로써 문헌학자로서 두각을 나타냈다. 이탈리아 문헌학자들은 중세 라틴어(가령 토마스 아퀴나스의 제자 빌헬름 폰 뫼르베케의 《정치학》 초기 번역)에서 고전 라틴어로 거슬러 올라갔다. 잘 알려져 있고 재발견되었던 키케로의 저술과 서

신들이 이를 매개했다. 키케로를 새롭게 수용하면서 문헌학자들은 여러 면에서 북부 이탈리아 도시국가의 자치 정부와 유사한 공화주의의 세계를 발견하고 모범으로 삼았다. 이와 같은 자치 정부 활동에서 길러진 정치적 실천(정치적 삶vivere politico이나 시민적 삶vita civile)의 총체는 북부 이탈리아의 도시 역사에 관한 역사적 저작들에 고스란히 담겼다. 브루니는 1410년 《피렌체 민중사 Historiae Florentini populi》를 저술했다. 마키아벨리와 그의 《피렌체사》는 이러한 전통 안에 있다. 마키아벨리는 그 책의 서술 대상이 "진정 자유롭고 시민적인 삶vero vivere libero e civile"이라고 설명했던 것이다(3권 5장).

마키아벨리는 메디치 가문의 지배와 수도사 사보나롤라의 짧은 통치에서 막 벗어난 1498년에 피렌체공화국에서 관직을 얻었다. 마키아벨리는 제2서기국(내무) 서기장으로 선출되었고 나중에 10인 위원회(외교와 국방) 사무관을 겸임했다. 마키아벨리는 공화국을 위한 사절 임무를 맡아 파견되었는데, 이때 각종 보고서를 작성하며 정치적 분석과 예측을 건조한 산문으로 표현하는 법을 연습했다. 1512년 돌아온 메디치가는 수많은 공화주의자를 체포했으며 그중에는 마키아벨리도 있었다. 뒤이은 대사면 후 그는 추방당해야 했다. 1527년 메디치가의 짧은 실각 기간 중에 마키아벨리는 예전 서기장직으로의 복직을 희망했으나 대평의회는 거절했다. 그리고 며칠 후 마키아벨리는 산 카시아노의 농장에서 비통한 심정으로 세상을 떠났다.

마키아벨리는 추방당했던 시기에 양대 주요 저작인 《군주론》과 《로마사 논고》를 집필했다. 《군주론》과 《로마사 논고》의 사이에서 마키아벨리의 사유의 폭이 얼마나 넓은지가 드러난다. 《군주론》의 마키아벨리에게서 우리는 악명 높은 마키아벨리스트, 즉 윤리에서 입헌정치에 이르는 모든 문제를 권력 유지의 견지에서만 고려하는 극단적인 현실 정치의 시조를 보게 된다. 이와 반대로 마키아벨리는 《로마사 논고》와 함께 공화주의 담론 안에 자리매김한다. 여기서 마키아벨리는 시민의 집단적 자유를 세우고 유지하는 데 여념이 없으며, 이를 위해 시민들이 권력정치적 조치에 의존하는 것을 꺼려서는 안 된다고 주장한다.

마키아벨리의 동시대인들은 최근의 정국 혼란으로 야기된 헌정憲政 문제에 대해 논의했는데, 이는 재건된 피렌체공화국을 어떻게 지속적으로 유지할 수 있는가라는 질문에서 비롯된 것이었다. 베네치아나 고대 로마 공화국을 모범으로 삼아야 할까? 수도사 사보나롤라의 포퓰리스트 정권은 피렌체 시민을 신에게 어울리는 인민으로 만들고자 했으나 지나친 요구를 받은 시민들을 메디치가의 품으로 돌려보내는 결과를 낳았다. 이 사태는 시민의 덕성을 공화국의 가정적 핵심으로 삼는 데 대한 경고였다. 마키아벨리는 이런 근본적 문제들을 논하기 위해《로마사 논고》(늦어도 1519년에 탈고되어 1531년에 출간되었다)를 저술했다. 그리고 그 와중인 1513년 7월에서 12월 사이에《군주론》을 일거에 집필했다.

마키아벨리에 따르면 정치 질서의 품격은 형식적 헌정 구조에 좌우되지 않는다. 마키아벨리는 아리스토텔레스의 전통과 단절하고 상황으로부터 주어지는 필연성을 분석의 중심에 놓았다. 마키아벨리에게 내전, 비상사태, 권력 유지를 위한 투쟁은 좋은 삶의 교란이 아니라 정치적 삶을 형성하는 요소였다. 마키아벨리는《군주론》의 첫 문장에서 모든 정부 형태에 대한 일반적 명칭으로서 '스타토stato'(국가)라는 용어를 사용했다. '스타토'는 정치 질서 유지나 보존과 관계된 용어다. 오늘날 statistic(통계)이라는 단어에서 알 수 있듯이 이 단어는 본래 로마어 'status'(상태)에서 유래한 것으로 우선 모든 질서에 중립적으로 적용되었다. 정치적인 것의 본질은 자유롭건 전제적이건 모든 정치 질서에 공통적이다. 친구 프란체스코 베토리(1474~1539)에게 보낸 편지에서 마키아벨리는 자신의 접근법을 "스타토에 관해 성찰하기ragionare dello stato" 또는 "스타토 기술에 관한 연구 studio all'arte dello stato"라고 명명했다(1513년 4월 9일자 서신과 12월 10일자 서신). 이렇게 해서 마키아벨리는 정치에 관한 새로운 이해의 출발점이 되었다. 국가이성이라는 개념은 비록 조반니 보테로(《국가이성Della Ragion di Stato》, 1589)에 의해 처음 알려졌지만 이러한 관점의 출발점은 마키아벨리의 접근법이었다. 정치에 물어야 할 것은 정치 자체의 고유한 법칙성이다. 정치는 정치 외부의 규범적 목표를 좇는 질서 이념들을 실현하기 위한 수단이 아니다. 이로써 마키아벨리는 정치를 윤리의 품에서 결정적으로 떼어냈다. 여기서 마키아벨리가 특히 문제로 삼은 것은 기독교가 각인한 윤리와 이에 대한 고대의 특수한 해석이었다.

전승된 윤리에서는 교활함, 간계, 모략 그리고 전체적으로 부도덕한 무원칙성으로 보였던 것이 마키아벨리에게는 정치적 명민함의 총체였다. 이를 통찰하는 것은 모든 정치인의 기본 전제 조건에 속했다. 그가 시민들에 의해 선출되었든 위법하게 권력을 잡았든 상관없다. 《군주론》은 위법하게 권좌에 앉은 경우를 다룬다. 이 책에서 논의되는 권력 수단은 군주정principati에만 유효하다. 군주정은 다시 세습군주정과 신생 군주정으로 나뉜다. 세습군주정은 권력정치 측면에서 문제가 없고 권력을 유지하기 쉽다. 마키아벨리는 신생 군주정에 관심을 가졌는데 그것은 불안정하고 유지하기 어렵다(2~11장). 12~14장에서는 비르투virtù(역량, 능력, 용맹함, 용기)에 관해 다루고 13~23장은 권력을 유지하기 위한 수단을 다룬다. 마지막 26장에서는 탁월한 통치자의 도움을 받아 이탈리아를 정치적 통일체로 확립하자고 열정적으로 촉구한다. 그 통치자의 이름을 밝히지는 않는다.

마키아벨리의 비르투 개념은 변화하는 상황에 명민하게 반응할 능력을 뜻한다. 즉 상황을 극복하기 위해 필요한necessità 조치를 인식하고 윤리적 비난에 구애받지 않으며 일관되게 관철하는 능력이다. 주어진 약속도, 인성이나 종교적 반대도 새로 집권한 군주가 뒤바뀌는 운이나 운명fortuna과 상황 변화에 적응하는 것을 가로막

아서는 안 된다. 군주는 "가능하면 선인으로 남아야겠지만 필요할 경우necesitato 악인으로 변할 줄 알아야 한다"(18장).

필연성을 다루는 일은 마키아벨리가 발견한 주제가 아니다. 소포클레스는 한 등장인물에게 "하지만 강제력이 내가 이렇게 할 수밖에 없게 만들었어요"(《엘렉트라》 256)라고 말하게 한다. 이는 아리스토텔레스가 필연성의 강제력을 설명하기 위해 인용한 문장이다(《형이상학》 1015a). 필연적 상황에서 행위자는 비극의 딜레마에 사로잡힌다. 이 같은 상황에서 정치인에게 근본적으로 필요한 것이 무엇인지가 마키아벨리에게서 가장 선명히 드러난다. 그것은 주어진 상황을 냉철하게 파악하고 사안과 관련 없는 (윤리적, 도덕적, 인습적, 법적) 고려에 구애받지 않으며 필요한 행동 방식을 찾아내고 적용하는 것이다.

마키아벨리는 역사의 경로에 대한 초자연적 설명을 원칙적으로 거부했다(《군주론》 12장). 그러나 그는 모든 상황을 예견할 수는 없으며 간혹 우발적 상황이 서로 다른 행위자 간 대립의 결과를 결정할 수 있다고 보았다. 예전에는 세속의 일에 대한 신의 간섭이라고 해석되었던 것을 마키아벨리는 간명하게 '운'이라고 불렀다. 정치인은 운을 계산에 넣어야 한다. 운은 정치인에게 가능성의 한계를 보여줄 수도 있지만 새로운 행동의 계기로서 기회occasione를 인식하고 주저 없이 활용하는 것은 마키아벨리가 가장 강조한 정치적 비르투의 측면에 속한다.

《군주론》에서 제시된 원칙은 정치 일반에 적용된다. 그리고 마키아벨리가 《로마사 논고》에서 성찰의 중심에 놓았던 자유 공화국에도 적용된다. 여기서도 책임 있는 정치인은 상황에 따라서 자유의 보장을 위해 필요한 조치를 취해야 한다. 그러나 공화국에서 시민의 권력은 위법하게 획득된 군주정의 조건과는 전혀 다른 조건에서 유지된다. 시민들은 그들의 권력자를 선출했으므로 군주정에서와는 달리 권력자와 연결되어 있다고 느낄 것이다. 하지만 자치를 위한 시민의 역량은 매우 상이하게 형성될 수 있다. 필요한 법률을 인정하고 자발적으로 따르는 피통치자들의 덕성이 마비되고 침식될 수 있다. 여기에는 사치와 이기주의가 속한다. 그리고 마키아벨리가 사보나롤라의 성직자 지배(《군주론》 6장)를 사례로 논구했던 것처럼 시민들의 덕에 대한 지나친 요구도 그에 포함된다. 이로부터 마키아벨리는 정치인들이 입법을 주어진 시민층에게 존재하는 덕성의 정도에 맞춰야 한다고 결론지었다. 정치인들은 인간이 "악하며 기회만 있다면 언제나 그 사악함을 좇는다"라는 전제에서 출발해야 한다(《로마사 논고》 1권 3장).

그러나 덕은 훈육될 수 있다. 가령 시민들은 민병대 체제에서 정치 질서를 수호하는 법을 배운다. 입법에 참여하는 것도 교육적으로 작용할 것이다. 덕은 훌륭한 모범에서 나오고 훌륭한 모범은 훌륭한 교육에서 나오고 훌륭한 교육은 훌륭한 법률을 통해서, 마지막으로 훌륭한 법률은 당파 투쟁에서 생겨난다(《로마사 논고》 1권 4장). 내전으로 점철된 이탈리아 도시들에서 마키아벨리의 동시대인 대부분은 당파 투쟁을 꺼렸다. 하지만 마키아벨리가 보기에 당파 투쟁은 활력을 불어넣으며 합의를 이뤄낸다면 긍정적 효과를 낼 수 있었다.

공화국에서는 헌법을 지키기 위해 폭력을 자주 사용하지 않지만 그렇다고 배제하지도 않는다. 마키아벨리는 자유의 정치인들도 그가 군주에게 권고했던 것처럼 가차 없이 타협하지 않고 행동해야 하는 2가지 상황을 특별히 거론했다. 공화국의 적을 물리쳐야 하는 상황 그리고 전시의 비상 상황이 그것이다. 마키아벨리가 보기에 훌륭한 법률은 평화로운 삶의 보통 상황뿐 아니라 비상한 위기 때의 조치들도 조정하는 것이다. 마키아벨리는 극단적 상황에서 자유를 보장하기 위한 수단으로 로마의 모범을 좇아 독재를 추천했다(《로마사 논고》 1권 33~34장). 이는 한시적으로 한 관리에게 거의 무제한의 권한을 이양한다는 뜻이다. 독재는 법을 정지시킬 뿐 바꾸지 않는다. 법이 규제해야 할 상황이 오기 전에 법이 먼저 심의되고 도입되어야 한다. 일반적 공포의 순간에 법을 바꾸면 모든 법률의 구속력만 약해질 뿐이다.

마키아벨리의 《군주론》은 처음에는 도덕에 구속받지 않고 권력을 유지하기 위한 기술적 지침서로 읽혔다. 16세기 후반 프랑스에서 벌어진 종파 내전은 야만적 암살과 살육(1572년 성 바르톨로메오 축일의 대학살)을 수반했으며 당대인들에게는 마키아벨리가 기술했던 것의 삽화인 양 보였다. 그때가 되어서야 그의 저서는 더 많이 번역되고 더 심도 있게 수용되었다. 마키아벨리라는 이름은 부도덕하고 냉소적인 권력 행사와 동의어가 되었다. 종파 내전의 대가가 알려지고 나서야 객관적 판단이 다시 이뤄졌다. 정치적 과정에 대한 도덕적 가치 평가나 가정된 정의에 의거한 평가가 갈등을 단축하기보다는 오히려 장기화한다는 사실이 알려진 것이다. 그리고서 16세기 말과 17세기 초에 국가이성 담론과 신스토아주의(플랑드르의 사상가 유스투스 립시우스가 주도)의 현실주의가 새로이 나타났다. 이와 함께 마키아벨리의 성취도 다시 인정받았다.

마키아벨리는 국가를 논했다. 하지만 그는 근대적 국가와 이에 집중되는 정치권력의 개념은 아직 갖지 못했다. 이와 반대로 모루스는 완벽하고 전능한 국가의 가능성을 상상했고 삶의 총체적 규제로 인해 어떤 일이 벌어질지 예견하게 해주었다. 피렌체인은 정치적인 것의 우위를 원했고 잉글랜드인은 정치의 전능함에 대해 경고했다.

4. 토머스 홉스와 존 로크
근대 계약론

마키아벨리 이후 몇십 년이 지나 프랑스 법률가 장 보댕은 주권 개념으로 정치적인 것의 우위라는 마키아벨리의 주장을 변형시켰다(《국가에 관한 6권의 책》, 1576). 중세에 교황과 황제 간의 분쟁에서 정치 또는 교회의 우위와 관련된 문제를 위한 표현이었던 최고권suprématie이라는 개념이 이제 정치 질서의 중심 구조적 특징이 되었다. 토머스 홉스(1588~1679)는 권력자의 충만한 권능의 총체로서 주권을 정치 이론의 중심에 두었다. 그와 반대로 존 로크(1632~1704)는 권력자가 아니라 인민에게 주권이 있다고 천명했다. 홉스는 권력자의 주권으로 당시의 중심 문제였던 내전을 영구적으로 종식하고자 했다. 이와 반대로 로크는 권력자의 절대주권에 대한 요구에서 권력 남용의 원천을 보았다.

리바이어던의 사회계약

홉스는 1588년 에스파냐의 무적함대가 잉글랜드를 위협하던 시기에 태어났다. 홉스는 어머니가 자신과 공포라는 쌍둥이를 낳았다고 자서전에 썼다. 홉스는 나중에 자신의 정치 이론의 출발점으로 삼은 공포가 요람에서부터 시작되었다고 말하고 싶었던 것이다. 홉스는 잉글랜드 내전을 겪은 후 왕가를 따라 망명길에 올랐고 망명지인 파리에서 대표작 《리바이어던》(1651)을 집필했다. 홉스는 이 책에서 개인과 개인(1부), 개인과 국가(2부), 국가와 교회(3, 4부)의 관계를 설명하는 모델을 제시했다. 홉스가 교회와 국가의 관계에 몰두한 것은 16세기 중반 프랑스에서 시작되어 1618년 30년 전쟁을 초래했고 결국 1642~1649년 잉글랜드 내전의 주요 원인이 되었던 종교전쟁에 대한 문제의식을 반영한다. 홉스는 종교의 근본 내용을 결정할 권력, 특히 공적 교리를 결정하는 권한을 포함한 모든 권력을 주권자에 양도했다. 홉스는 내면의 양심을 개인에게 맡겼다. 이는 당대인들에게 전제적인 권력 요구라고 여겨졌다. 홉스는 가공할 전쟁이 끊이지 않는 시대에 급진적 해법을 내놓으려 했다. 그에게는 그 해법이 전제적으로 보이지 않았다. 홉스의 모델에 따르면 개인은 자발적으로 이 해법에 동의할 것이기 때문이다. 이러한 방식으로 전개된 논증이 계약론을 낳았다.

홉스에 따르면 공포는 모든 인간에게 공통된 것이다. 공포는 객관적 위협이 주어질 때가 아니라 인간이 가능한 위협을 주관적으로 목격했을 때야 인간의 행동을 결정한다. 이때 인간에게 가장 위험한 것은 인간 자신이다. "인간은 인간에게 늑대다homo homini lupus." 아무리 강력한 전제군주도 살해당할 위험으로부터 안전할 수 없을 것이다. "만인에 대한 만인의 투쟁bellum omnium contra omnes"이 지배한다. 서로에 대한 공포는 인간이 안전을 추구하게 하고 모든 사태에 대비하여 무장하기 위해 더 많은 권력을 추구하게 한다. 이는 군비 확장으로 이어져 잠재적 위험을 증가시킬 뿐이다. 인간의 삶은 "고독하며 궁핍하고 비참하고 잔인하고 짧다"(《리바이어던》13장).

홉스가 "자연 상태"라고 부르는 이 같은 상황에서는 모든 인간이 모든 것에 대한 자연권을 가진다. 하지만 모두가 이 권리를 가지고 있어서 이를 보장하는 권력이 없다면 자연권은 안전을 마련해주지 못한다. 홉스에 의

74

하면 이 딜레마로부터 모두가 이 권리를 포기하게 된다. 홉스의 모델에서 인간들은 사회계약을 통해 하나의 권력 기구를 세우고 거기에 그들의 권리를 이양한다. 그러나 그 기구는 법률적으로 구속받지 않는다. 홉스가 리바이어던(구약 〈욥기〉 41장 42절에 나오는 바다 괴물의 이름)이라고도 부른 주권자는 안전을 효율적으로 보장하는 모든 가능성과 수단을 마음대로 다룰 수 있다. 주권자는 안전을 창출하기 위해 투입된 것이다. 인간이 창조해낸 그 정치 질서의 주요 특징은 다른 권력에 종속되거나 그 판단에 노출되지 않는다는 데 있다. 이 정치 질서를 '국가'라고 부른다. 하지만 이 단어를 강력한 행정 기구를 갖춘 근대 행정국가와 연관시키지 않도록 주의해야 한다.

홉스에게서 정치 질서는 안으로나 밖으로나 주권적이다. 주권국가들은 자연 상태 안에 함께 존재한다. 오직 우세한 주권적 권력만이 이 상태를 끝낼 수 있다. 그러나 그 결과로 개별 국가의 주권이 종식될 것이다. 국가 간 약속은 무가치하다. 홉스는 국제법을 거부했다. 국가는 내부적으로 모든 입법권과 행정권을 가지며 완전히 자유롭게, 아무런 제약 없이 그 권한을 행사할 수 있다.

자연 상태와 사회 상태에서는 인간의 사회화에서 역

사적 연속을 상상할 수 없다. 사회의 상이한 응집 상태만을 상상할 수 있을 뿐이다. 주권적 권력은 개인이 안전을 향유할 수 있는 문명의 섬을 만든다. 이 섬의 외부는 자연 상태가 지배한다. 홉스는 자연 상태와 사회 상태로 무정부 상태와 질서의 대립을 기술했다. 홉스에게서 국가는 질서를 만들어내기 때문에 정당화된다. 이제 질서가 살 만한 가치 있는 삶을 보장하고 그 속에서 오래 지속되는 재화가 창출될 수 있기 때문이다. 국가의 진정한 주권적 권한이 없다면 최소한 잠재적으로라도 무정부 상태가 지배할 것이다. 홉스가 가정한 인간 개개인의 취약성을 고려할 때 이것이 가장 큰 악이다.

모든 개인주의와 마찬가지로 홉스에게서도 협력 행위는 문제가 된다. 그의 견해에 따르면 협력 행위는 국가 같은 인위적 단체가 만들어졌을 때만 가능해진다. 이러한 단체는 인간에 의해, 보다 정확히 말하자면 언어적 확정을 통해 형성된다. 모든 사회적인 것들이 언어적 정의에 의해서만 결정되는 것과 마찬가지다. 모든 사회적 가치는 인간이 언어적으로 확정한 것이며 인간들 사이에서 변화한다. 다시 말해 모든 사회적 가치는 관습의 결과물이다. 하지만 여기에는 언어의 위험성도 있다. 홉스는 국가의 주권적 권력 수단에 관한 긴 목록에 대학에 대한 감독을 포함시켰는데 이는 언어를 통제하기 위한 것이었다. 아리스토텔레스와 키케로의 자유론(《리바이어던》 23장)의 확산만큼이나 내전 유발의 원인이 된 것은 없었다. 언어는 질서를 위협할 수 있으므로 질서에 복종해야만 한다. 언어는 또한 가치를 창출한다. 홉스에게서 모든 재화와 가치는 사회적으로 규정된다. 사회의 밖에서는 인간조차 가치를 갖지 않는다. 홉스는 흥분을 가라앉히며 냉정히 적어놓았다. 인간의 가치는 그의 가격, 말하자면 타인들에 의한 주관적 가치 평가라고 말이다(《리바이어던》 10장).

리바이어던은 극단적으로 많은 권한을 갖추고 있다. 여하튼 홉스에 의하면 개인과 국가 간의 계약에 의한 구속력은 개인의 생명이 위협받을 때 사라진다. 따라서 국가는 개인에게 군 복무를 강요하여 생명이 위험에 처하게 해서는 안 된다. 나아가 사형을 선고받은 범죄자 역시 계약에 구속되지 않는다. 하지만 이 외에는 모든 규정이 국가 아래 놓인다. 이같이 많은 국가의 권한은 모든 사람을 겨냥할 수 있다. 그렇다면 사람들은 왜 국가 권한을 원해야 하는지 의문이 들 수 있다. 그러나 홉스는 의심스러운 경우, 모두가 모두에게 위험한 절대적 불안이 수반되는 자연 상태와 단 하나의 기구에만 복종해야 하는 사회 상태 중 어느 것이 더 우려할 만한지 고려해보라고 권한다. 홉스는 간헐적으로 나타날 주권자의 자의恣意를 배제할 수는 없었지만 그것이 다른 어떤 것에 의한 위협보다도 계산하기 쉬운 위협이라고 판단했다. 원칙적 척도에 관한 판단을 대신하는 손익 측정의 계산적 합리성이 홉스식 사유 방식에서 두드러진다.

홉스가 절대주의의 추종자라고 지탄받는 것은 충분히 이해되는 일이다. 그러나 그는 단순히 모든 기성 국가를 정당화한 것이 아니라 개인과 국가 간의 특수한 관계를 구성하고자 했다. 홉스의 이론에 따르면 주권국가의 권력은 반드시 한 사람의 수중에 놓일 필요는 없으며 집회나 의회도 권력을 차지할 수 있다. 홉스는 단지 실용적인 이유로 권력 행사의 단일성을 선호했고, 따라서 한 사람이 권력을 행사하는 방식을 선호했다. 나아가 홉스에게서 주권자는 기름부음 받은 왕이라는 인물을 통해 근세에서도 여전히 부여받던 신성함의 광휘를 모두 잃게 된다. 주권자는 모든 여타 개인들의 의지를 통하여 임명되며 이들에게서 권력을 얻는다. 인간은 서로 평등하다. 즉 그들의 주관적 인지는 중요하다. 국가의 법도 정의롭거나 유구한 전통에 의해 정당화되었기 때문이 아니라 국가가 법을 만들고 집행할 수 있는 권한을 가졌기 때문에 유효한 것일 뿐이다. 그 이상도 그 이하도 아니다. 홉스는 교회로부터 정책을 평가할 모든 권한을 박탈했다. 오히려 주권자가 구속력을 가진다고 간주해야 할 종교를 결정할 수 있다. 그러나 사람들은 지정된 종교를 반드시 믿을 필요는 없다. 단지 순종의 표시로, 즉 내적인 공감 없이 종교를 믿는다고 하면 된다(신념이지 신앙이 아니다).

자유 시민의 정부

존 로크도 주권과 사회계약에 관해 언급했다. 그러나 그는 그 어떤 절대주의도 배제하려 했다. 로크는 유복한 청교도 집안 출신이었으며 원래 개업의였다. 로크의 철학적 관심은 계몽주의 인식론의 일대 전환점이 된 《인간지성론》에 반영되었다. 로크는 훗날의 섀프츠베리 백작인 애슐리 쿠퍼 경의 개인 의사이자 비서로서 정치 활동에도 적극적이었다. 섀프츠베리는 집권 토리당에 저항하며 1660년의 왕정복고 이후 다시 잉글랜드에 발을 붙인 로마가톨릭과 왕당파에 맞서 싸웠다. 1690년에 로크가 발표한 《통치론》에 담긴 정치 이론은 이러한 저항 정치에 원칙적 토대를 마련한 것으로 읽을 수 있다.

로크는 홉스의 범주들을 이어받았다. 자연 상태와 사회 상태를 구분했으며 주권 개념을 통해 정치 질서를 정의했다. 그럼에도 로크는 홉스의 모델을 격렬히 반박했다. 로크는 안전 대신 소유권(재산)을 모든 정치 질서 정립의 목표로 설정했다. 그러나 로크에게 소유의 개념은 단순히 물질적 재화를 넘어 개인의 삶과 자유를 포괄하는 의미였다. 국가는 개인의 자유를 포함하여 소유권을 보호하고 번영시키기 위해 건설된 것이다. 그와 함께 국가는 시민들에 맞서지 않아야 하며 그 주권은 분할되어야 한다.

로크에게서 소유권은 매우 까다로운 개념으로 신학적, 경제적, 윤리적 차원을 포함한다. 로크에게 자연 상태는 순수한 무정부 상태가 아니다. 자연과 자연 속의 인간은 신의 피조물이며 그렇기에 그 가치를 얻게 된다. 인간은 자기 자신에 대해 소유권을 가지며 이를 포기할 수 없고, 자신을 죽일 수도 자신을 노예로 삼을 수도 없다. 로크는 인간의 타인에 대한 소유권을 인정하지 않는다. 이는 노예제뿐만 아니라 자의적 지배로 다른 사람을 노예처럼 처분하는 부당한 정치적 지배도 금지한다는 뜻이다.

신이 인간에게 부여한 자연의 공동소유권은 개인이 자연에 가한 노동에 따라 개인별로 다르게 분배된다. 노동은 자신의 것을 자연에 전하여 자연을 개인의 소유로 만드는 것이다. 이로부터 다른 사람을 배제해야 한다는 주장이 생겨난다. 로크가 든 유명한 예는 시장에서 판매할 물을 긷는 것이다. "물은 모두의 것이지만 샘에서 물을 길어 주전자에 물을 담은 사람은 그 물에 대한 소유권을 주장할 수 있다"《통치론》29절). 노동은 또한 사물의 가치를 창조하는데, 이때 로크는 특히 토지 경작을 떠올린다. 나아가 노동은 한 사람이 가질 수 있는 소유의 범위를 결정한다. 여기서 소유 개념의 윤리적 차원이 전면에 등장한다. 그것은 노동의 윤리이며 그와 연계된 인간의 가치 평가이기도 하다. 로크는 아메리카 원주민들의 경작 능력이 부족하다는 이유로 그들의 토지 소유를 부정했으며 이런 식으로 식민 지배를 정당화했다. 로크의 정치 질서는 소유자의 질서이자 소유자를 위한 질서다. 가난한 사람은 로크의 시민 개념에서 제외된다.

하지만 그들은 문명의 성취를 향유하고 있으므로 아메리카 야생의 원주민 부족장보다 자신들이 더 행복하다고 여길 것이다(41절).

로크에 따르면 화폐의 발명은 노동 개념의 윤리적 차원을 훼손한다. 노동으로 창조된 가치는 이제 구체적 노동으로부터 분리되어 한없이 축적될 수 있게 된다. 이로 인해 대규모 소유자와 소규모 소유자 간의 불균형이 만들어지며 그와 함께 권력적 잠재력 또한 커진다. 아울러 분업이 문제를 만들어낸다. 자연 재화를 특정 개인에게 귀속시키는 것이 점점 더 어려워지기 때문이다.

그래서 소유자들은 합의를 통해 정부를 설립한다. 정부는 법률의 도움을 받아 사회적 갈등을 해소하는 동시에 소유권을 안팎으로부터 보호해야 한다. 이를 위해 소유자들은 사회계약을 맺는다.

사회계약은 정부의 조직뿐만 아니라 권리와 의무도 조정한다. 이때 소유자들은 그들이 설정한 목표를 실현하기 위해 소유의 일부를 조세의 형태로 정부에 이양한다. 이 목표(공공복지)는 법을 통해서 확정된다(131절).

사회계약은 정부의 내부 조직을 확정한다. 정부의 권한은 입법부, 행정부, 연방부의 3개 부분으로 나뉘는데 이는 불필요한 권력 집중을 피하기 위해서이며 또한 권력을 탐하는 인간의 성향 때문이기도 하다(143절). 여기서 로크는 의회에 핵심적 지위를 부여한다. 입법부만이 구속력 있는 법률을 제정할 수 있다(134절). 법률은 보편적이어야 하며 모두에게 적용되어야 한다. 그리고 특수한 개별 규정은 제외된다(136절). 입법부는 시민들 사이의 모든 쟁점을 판정하기 위해 사람들이 임명한 재판관이다(89절). 로크에게는 독립된 사법부라는 개념이 없었다. 로크의 이론에 따르면 실제 권력 행사는 행정부를 통해 실행된다. 이때도 로크는 권력 남용을 방지하기 위해 정부의 내무 권한과 외교 권한을 분리한다. 행정부가 실제 법률 집행을 맡는다. 행정부의 행위는 내용과 한계에 있어 법률에 구속된다. 로크는 외교정책과 동맹 정책에서 자유 재량권을 집단 행위 역량의 전제라고 보았다(144~148절). 이에 상응하는 권한은 연방부의 수중에 놓인다.

로크에게서 사회계약의 의무적 효력은 개인적이며 동의(합의)에 의거한다. 이로부터 로크는 모든 사람은 자기 자신에게만 의무를 부여할 수 있으며 아버지는 자식이 자유로운 판단을 내릴 수 없는 한에서만 자식에게 의무를 부여할 수 있다는 결론을 내린다. 다만 암묵적 동의 (무언의 합의)도 구속력을 가진다. 어느 정치 질서 안에 거주하는 것만으로도 그곳의 법에 따르겠다는 의지를 충분히 표현하는 것이다. 로크는 이러한 방식으로 비시민권자에 대한 과세도 정당화한다. 복종 의무는 모든 거주자에게 적용되지만 그들 모두가 동등하게 시민으로서 입법에 참여할 수는 없으며 시민과 동일한 수준의 책임과 협력을 요구받지도 않을 것이다. 로크에 따르면 재화의 소유 역시 국가의 법률에 대한 암묵적 동의다 (119절).

종교에 대한 로크의 정치적 시각은 관용에 대한 질문에서 분명하게 드러난다. 로크는 1689년에 출간한 《관용에 관한 편지》에서 특정 종파에 소속되는 것이 공직을 맡기 위한 전제가 되는가 하는 당대의 시급한 문제를 다루었다. 로크는 신에게 맹세함으로써 정치 질서에 대한 신뢰를 표명할 수 있는 한에서 모든 종파에 대한 관용을 지지했다. 로크는 그 가능성이 무신론자가 아닌 일신교의 신자들에게만 주어졌다고 보았으며 이 때문에 무신론자의 공직 임용권을 부정했다. 무신론자는 신뢰할 만하지 않다는 것이다. 이처럼 로크의 관용 사상은 모든 종파의 무차별적 통합으로 이어지지 않는다. 그것은 오히려 로크의 정부 이론에 결정적 역할을 하는 신뢰 관계 개념과 함께 전개된다.

로크에게서 복종의 의무는 매우 뚜렷이 나타난다. 하지만 정부가 사회계약을 위반하면 그 의무는 끝난다. 정부 수립에는 정부 해체의 권리도 포함된다(240절). 로크가 보기에 이 권리는 무정부 상태로 가는 관문이 결코 아니다. 통치자와 피통치자는 신뢰의 유대를 통해 서로 결합되며 이는 개별 사건으로 흔들리지 않는다. 로크는 개별적 불만에서 비롯된 모반(로크는 이를 비난한다)과 신뢰의 일반적 상실을 명확히 구별한다. 정부의 불법 행위가 누적되면 결국 신뢰는 근본적으로 흔들릴 것이다. 정부를 다른 사람에게 맡길지 아니면 새로운 정부를 세울지는 인민의 판단에 달려 있다. 낡은 정부가 물러나지 않는다면 하늘에 호소하는 길밖에 남지 않는다. 이는 전쟁 상태와 다를 바 없을 것이다.

홉스와 로크의 차이는 정치 질서의 형태에 있다. 한쪽의 정치 질서는 주권적이고 통제받지 않지만 다른 쪽의 정치 질서는 권한을 분할한 신뢰 관계다. 또한 기본적 구성에서도 차이를 찾을 수 있다. 홉스는 비국가적 또는 전前 국가적 인간 행위 영역에서 무정부 상태를 보며 안정된 질서는 오직 국가의 권력 독점을 통해서만 유지될 수 있다고 생각한다. 이와 달리 로크는 비국가적 또는 전 국가적 인간 행위 영역에 이미 질서 정연한 구조가 있다고 본다. 이와 함께 로크는 사상사로 넓은 경로에서 '사회'라고 불리는 것을 주제로 삼았다.

홉스와 로크는 정치에서 대립하는 2가지 시각들을 선명히 보여준다. 홉스는 급진적 개인주의와 실증주의를 대표하며 초인적 규범을 거부한다. 홉스는 정의의 척도를 정치적으로 실현하려는 모든 노력에서 잠재적 내전의 위협을 본다. 이와 반대로 로크는 정치적인 것의 외부에서 몇 가지 원칙을 세웠다. 양도 불가능한 인권이라는 근대적 사상이 여기에서 시작된다. 근대의 많은 인권 윤리학자들과 달리 로크는 정치적 갈등 앞에서 물러나지 않았다. 다른 한편 홉스는 정치적 갈등을 사회적 관계의 정상 상태로 보았다. 주권국가 설립이라는 문명적 성취를 더 이상 이뤄내지 못하게 되면 모두가 거기로 떨어지는 것이다.

5. 몽테스키외와 루소
계몽주의 시기의 정치와 사회

정치 질서의 논증과 수립에 대해 자연 상태 및 재산과 노동이 갖는 특별한 의미에 관하여 토론이 이루어졌다. 그와 함께 이미 홉스에게서 그리고 특히 로크에게서 18세기의 토론을 지배할 정치 이론의 새로운 범주가 개척되었다. 정치의 배경인 사회가 그것이다. 예컨대 카를 마르크스에게까지 이어질 '정치경제학'의 담론이 로크와 함께 나타났다. 하지만 경제뿐만 아니라 사회적 교제 형식이나 가치 평가의 사회적 관습도 사회를 구성한다. 그리고 이러한 소통적 이해는 프랑스에서 계몽주의의 토론을 지배했다. 그 탁월한 대표가 몽테스키외와 루소다. 귀족 출신이거나 귀족의 후원을 받았던 이들은 살롱을 출입하며 언론의 주목을 받았지만 프랑스의 개혁 노력에 아무런 영향력을 행사할 수 없었다. 이들의 진정한 영향력은 프랑스혁명기에 이들이 집중적으로 수용되고 나서야 드러났다.

권력분립과 민주정

몽테스키외(샤를 루이 드 스콩다, 라 브레드 에 드 몽테스키외 남작, 1689~1755)는 법률을 공부했고 보르도 의회에서 법을 집행했다. 수많은 여행을 통해 네덜란드, 오스트리아, 독일 등을 방문했으며 1729~1731년에는 영국으로 건너가기도 했다. 몽테스키외는 프랑스를 여행하는 페르시아인의 시점에서 본 프랑스 사회의 가상적 묘사인 《어느 페르시아인의 편지》를 1721년에 출간하면서 이름을 알렸다. 그러나 그의 대표작은 1748년에 출간된 《법의 정신》이다. 이 작품은 출간 2년 만에 벌써 22쇄를 찍어냈다.

몽테스키외는 여러 정치 질서에서 법안이 유사해도 정치적 실천에서 크게 다르다는 것을 알아채고 이를 민족들의 서로 다른 습속moeurs으로 설명했다. 인간의 사회적, 정치적 관습과 습관을 정부 이론에 끌어들인 것은 몽테스키외의 탁월한 업적이다. 이러한 점에서 몽테스키외는 정치사회학이나 문화정치학의 창시자다. 몽테스키외는 정치적 실천을 결정하는 모든 영향과 배경들을 습속이라는 개념 아래에 모았다. 주민들의 행동은 법률을 통해서 조정되어야 한다. 다만 법이 추구하는 행동 조정 목표를 그르치거나 전혀 의도하지 않았던 효과를 야기할 위험에 처하지 않으려면 입법은 주민들의 구체적 습속을 고려해야 하는 것이다. 몽테스키외는 정치적 실천에 영향을 미치는 요소로 기후, 교육 수준, 지리적 위치, 종교 그리고 정치적 관습을 거론했다. 정치적 관습의 경우 자유로운 자치에 익숙하건 전제적인 외세 통치에 익숙하건 상관없다. 몽테스키외는 열거한 요소들이 서로 영향을 미친다고 보았다. 극단적이며 일방적인 작용을 피하고 안정성을 산출하기 위해 입법은 전체적으로 이 모든 요소 사이에서 온건한 중도를 찾아야 한다. 몽테스키외는 절제modération를 고유한 학설로 표방하고 이를《법의 정신》에서 전파하고자 했다(29편 1절).

몽테스키외가 법의 외적 기본 조건들만 살펴본 것은 아니다. 그는 법이 정치 제도 내에서 생성되는 과정을 분석했다. 여기서 몽테스키외는 정부 형태의 '성질nature'과 '원리principe'를 구분했다. 전자는 제도적 구조이고 후자는 이를 움직이는 인간의 정념이다(3편 1절). 몽테스키외에 따르면 정부의 성질은 그 형태(정부 권한과 조직)와 실행에 의거한다. 아리스토텔레스와 달리 몽테스키외는 정부 형태를 공화정, 군주정, 전제정의 3가지로 구분했다. 공화주의 정부 양식에는 전체 인민의 정부(민주정) 또는 선택된 자들의 정부(귀족정)가 속한다. 군주정에서는 한 명의 인물이 법에 따라 통치한다. 반대로 전제정은 지배자의 자의로 통치된다(2편 1절).

몽테스키외는 공화국의 성질이 작은 영토에 적합하다고 보았다. 이 생각은 《페더럴리스트》까지의 사상사를 관통한다. 영토가 큰 공화국에서는 너무나 큰 가치들을 개별 시민에게 위임해야 하며, 이로 인해 부패가 쉬워진다고 몽테스키외는 말한다(8편 16절). 영토가 큰 나라는 군주정으로 통치되는 편이 더 낫다. 매우 거대한 제국에서 정부가 달리 역량을 발휘할 수 없다면 전제 정부마저 어느 정도 정당하다고 몽테스키외는 보았다. 그러나 그가 가장 바랐던 정부 형태는 당시 네덜란드나 스위스와 같은 연방공화국이었다(9편 1~3절). 여기서는 작은 영토에 국한된 정부의 대내적 힘이 넓은 영토에 대한 대외적 방어력과 결합된다. 또한 그 정치 질서가 매우 유연하다는 것도 장점이다. 연방의 한 공화국이 외부로부터 위협받거나 국내 정치적 위기에 놓이면 다른 공화국들이 지원해줄 수 있다. 연방 구성국을 잃어도 연방은 위험에 빠지지 않고 새로운 구성국을 받아들일 수 있다.

몽테스키외에 따르면 선거, 입법 목표, 사회적 생활 조건과 같은 통치의 여러 측면은 서로 밀접히 결합되어 있다. 이는 민주정의 사례로 입증된다. 민주정에서 행동할 동기를 부여하는 통치 원리는 덕이다. 이와 반대로 귀족정의 원리는 규율이며 군주정의 원리는 명예다. 민주정은 시민의 덕을 전제로 한다. 민주정에서는 입법자가 자신의 법률에만 복종하므로 권력 남용의 유혹에 쉽게 굴복할 수 있기 때문이다(3편 2절). 몽테스키외는 정치적 덕을 법에 대한 사랑이자 애국심이라고 일반적으로 정의했다. 이는 고유한 자아의 항상적 극복을 의미하며, 몽테스키외가 평했듯이 힘들고 끊임없는 과제다(4편 5절). 민주정에서 이 같은 성향은 평등과 검소함에 대한 사랑으로 나타난다(5편 3절). 모두가 똑같은 것을 성취할수는 없지만 모두가 똑같이 그 성취에 빚을 지고 있다고 몽테스키외는 말한다. 검소함에 대한 사랑은 공익을 위해 기꺼이 봉사할 의지를 촉진한다. 자신의 안녕을 지나치게 신경 쓰지 않고 사적 재산을 축적하지 않을 때만 공화국을 위해 봉사할 수 있는 충분한 힘을 갖게 된다. 그러나 이는 다시 일정한 재산의 평등을 전제로 하며, 이에 대해 법이 유의해야 한다. 법도 마찬가지로 시민들의 특별한 성취를 고무하기 위하여 공적 상훈 제도를 마련해야 한다.

통치자 선출과 관련하여 민주정에 가장 적합한 것은 추첨이다. 추첨의 우발성이 모두를 평등하게 대우하기 때문이다. 동시에 몽테스키외는 민주정의 최대 결함도 인식하고 있었다. 민주정은 통치자와 피통치자 사이는 물론이고 시민들 사이의 차이도 용납하지 않는다. 공직자의 특별한 지위를 더는 인정하지 않으므로 민주정에서는 지나친 평등 추구가 정부의 역량을 저해한다(8편 2~3절).

몽테스키외에 따르면 민주주의 정부의 목표는 평등한 조건을 만드는 것이지만 이는 자유 보장이라는 목표와 일치하지 않는다. 자유를 목표로 하는 정부 형태의 분석과 관련하여 몽테스키외는 《법의 정신》 11편에서 영국을 예로 들어 유명한 권력분립 이론을 계발했다(11편 6절). 정치적 자유는 절제와 권력 남용 방지를 전제로 한다. 권력이 분할되어 서로 균형을 유지하게 하는 특별한 제도적 배치가 이를 보장해야 한다(11편 4절). 로크의 권력분립 이론에서는 입법이 중심에 놓인다. 뒤에서 살펴볼 루소에게서도 마찬가지다. 하지만 몽테스키외는 입법에서도 권력 남용의 위험을 보았기 때문에 입법의 우위를 막으려 했다. 영국 헌법에서는 권력의 위험한 집중을 권력 배분과 상호 '억제'를 통해 방지한다. 몽테스키외가 말하는 억제란 협력을 막는 것이 아니라 협력을 강제하는 것이다.

서로 다른 인물과 신분(세습군주, 귀족, 시민)이 소유한 권한은 제도적 기제를 통해 서로 협력하도록 강제된다. 여기서 몽테스키외는 결정권과 거부권veto을 구분했다. 입법 결정은 입법부에 해당되는 것이지만 거부권은 행정부에 있다. 몽테스키외는 결정 권한의 통일성을 이유로 행정부는 한 사람이 맡는 것을 선호했다. 하지만 입법부는 인민이 선출하는 하원과 세습 귀족의 상원으로 나뉘는데, 후자는 입법 결정권이 없고 거부권만 갖는다. 행정부는 입법부를 해산할 권한을 가진다. 하지만 입법부는 1년마다 예산을 승인할 권한을 가지기 때문에 행정부는 부득이하게 정기적으로 입법부를 소집해야만 한다. 입법부는 행정부에 참여할 권한은 없지만 통제권은 가진다. 입법부가 행정부의 수장을 파면할 수는 없지만 고문은 파면할 수 있다. 행정부와 입법부가 사법부에 참여해서는 안 되지만 몽테스키외는 예외를 규정했다. 귀족은 입법부의 귀족원에서만 재판을 받아야 하며 시민이 반역 혐의를 받는다면 인민 대표들이 소송을 제기해야 한다. 마지막으로 입법부는 형평법을 갖추어야 한다. 이는 형식적으로 엄격한 법이 부당한 결과로 이어질 때 법의 본문에 의무화되어 있는 법정 판결을 완화하기 위한 것으로서 전통적으로 군주에게 속해 있던 특권이다.

하지만 영국에서도 자유를 지속적으로 보존하는 데 여타 비제도적 요소들이 함께 작용했다. 가령 열대기후는 인간을 나태하게 만들 것이며 이는 정치적 노예화나 폭정을 용이하게 할 것이다. 그와 반대로 영국의 기후는 사람들이 항상 흥분해 있게끔 한다(14편 13절).

입법의 견지에서 몽테스키외는 대표자 선거를 선호했다. 전체로 볼 때 인민은 정치적 질문에 걸맞은 수준의 전문 지식을 갖추고 토론할 능력이 없기 때문이다(11편 6절). 추첨과 반대로 선거는 가장 우수한 인물을 선발할 수 있게 해준다. 선거에 참여하는 인민들이 즉자적, 대자적으로 가장 우수한 인물을 인식할 능력이 없다 해도 후보자들 가운데 상대적으로 우수한 인물을 알아볼 수는 있을 것이다. 선출된 대리인인 대표자들은 귀족을 형성하는데 여기서 귀족은 직접적 인민 입법을 통해 대체할 수 없는 기능적 엘리트를 뜻한다. 몽테스키외가 아리스토텔레스식으로 귀족 개념을 가지고 가리킨 것은 가장 우수한 자들의 정부이며 이는 세습 귀족noblesse이라는 사회적 개념과는 다르다. 하지만 세습 귀족들도 군주정 안에서의 중간 권력pouvoir intermédiare으로서 정치적 기능을 가진다. 군주정에서는 왕보다 서열이 낮지만 왕으로부터 독립적인 세습 귀족이 전제적 경향을 저지하는 것이다.

보기에 따라서는 대표자들도 공화국에서 중간 권력을 이루었다. 즉 대표자들은 인민과 정부 권력 사이에 서 있다. 몽테스키외는 영국의 선거 방식에서 그 점을 찬양했다. 인민이 줄곧 각지의 대표들만 의회에 파견한다면 대표들도 자신들을 뽑아준 사람들에게만 보고할 의무를 지게 될 것이다. 하지만 네덜란드에서처럼 대표들이 전체 인민을 대표한다면 그들은 인민에게 직접 책임을 지게 되며 그리하여 포퓰리즘에 빠지게 될 것이다 (11편 6절).

몽테스키외가 표명한 것은 후에 앵글로색슨 언어에서 '견제와 균형checks and balances'의 체계라고 불렸으며, 이는 어느 정치 질서에서보다 미국에서 진지하게 받아들여졌다. 훗날 토크빌은 미국 민주주의의 정치 문화를 분석하기 위하여 몽테스키외의 발자취를 따르게 된다.

일반의지의 공화국

장 자크 루소(1712~1778)는 제네바의 시민이었다. 가톨릭으로 개종하며 시민권을 상실했지만 고향 도시의 공화주의 질서는 그의 정치적 사유에 지속적으로 영향을 미쳤다. 루소는 제네바 헌법을 비판적으로 상세히 다루었고(《산에서 보내는 편지ettres écrites de la montange》, 1764) 정치적 주저인 《사회계약론》(1762)에서는 공화국의 이상적 모델을 표명했다.

루소는 1728년 고향 도시를 떠나 유럽을 떠돌다가 파리에 정착했다. 파리에서 루소는 드니 디드로의 《백과전서》에 수록될 항목을 집필했다. 《학문과 예술에 대하여》(1750)와 《인간 불평등 기원론》(1755)에서 루소는 근대를 비판하는 문명론을 표명했다. 자연 상태에서 실천된 인류과 자연적 자유는 사회화 과정에서 다양한 불평등

형식들에 길을 내어주었고, 이는 다시 불평등을 야기했다. 소유가 들어오며 빈자와 부자 사이의 경제적 불평등이 만들어졌고 정부가 들어오며 강자와 약자 사이의 정치적 불평등이 만들어졌다. 전제 권력이 등장하면서 불평등의 최후 단계에 이르렀다. 이 단계에서 사람들은 지배자에 비하면 아무것도 아니기에 사실상 모두 노예가 되어 다시 한번 서로 평등해진다.

이 토양에서 정치적 자유는 달성하기 어렵다. 정치적 자유를 재생하기 위해서는 공화국이라는 인공적 외피가 필요하다. 정치체에 대한 합의가 이루어지고 나면 개인은 시민이 될 가능성을 얻는다. 그는 공화국의 시민으로서 모두가 모두의 필요를 돌보는 연대 공동체의 일원이 될 가능성을 얻는다. 이를 위해 개인은 그의 사회적 뿌리, 그와 결부된 불평등 그리고 특수 이해관계의 개별적 편협함을 버린다. 부르주아에서 시민이 되는 것이다. "우리 저마다 자신의 신체와 모든 힘을 공동으로 일반의지의 최고 지도에 맡긴다. 그리고 우리는 각 구성원을 전체의 분리할 수 없는 일부로 받아들인다"(《사회계약론》 1부 6장). 루소는 복종을 해방으로 해석했다. 개인의 자유는 더 이상 무정부적으로 서로 대립하지 않고 집단적 자유의 일부로서 상호 관계를 맺는다. 정치적 본질인 새로운 존재를 정치체 안에서 유지하기 위해 인간은 정치체 안에서 사라진다.

정치체를 만들기 위해서는 일반의지가 필요하다. 루소는 일반의지를 개인의 의지나 다른 사회단체들의 특수 의지와 구별했다. 루소가 인민주권의 근대적 주창자로 칭송받기는 하지만 간과해선 안 될 점이 있다. 루소에게 '인민'은 사회집단들과 공동체의 총합이나 개별화된 개인들의 총합이 아니었다. '인민'은 공화주의 질서 자체를 통해서야 비로소 만들어지는 공화국의 시민들을 의미했다. 루소는 인간이 시민으로 이행하기를 요구했다. 그에게 인민은 개인들의 집적이나 누적이 아니다. 홉스와 로크는 다수에 관하여 수적 이미지를 가지고 있었다. 홉스에 따르면 개별 의지들은 단순히 숫자로 셀 수 있다. 대립되는 투표들은 서로 중화되며 나머지 부분이 전체를 대표한다. 루소에게서 개인은 그 의지를 관철하기 위해서가 아니라 일반의지를 구성하기 위해 투표에 참여한다. 여기서 투표는 하나의 제안이다. 여기서는 특정 질문이 일반의지의 내용이 될 수 있다. 이와 관련하여 다수가 다른 견해를 고수하는 것으로 나타나더라도 이는 소수의 입장에 대립하는 것이 아니다. 후자는 오히려 일반의지가 무엇인지 추정하는 데 오류를 범한 것이다(4부 2장).

루소의 공화국의 인민은 민주정의 인민과 혼동되어서는 안 된다. 루소는 '직접'민주주의 이론가가 아니다. 국민투표도, 정부의 권력 행사에 대한 다른 직접적인 참여도 갖추어지지 않는다. 인민은 오로지 입법에만 참여할 수 있다. 루소는 '민주정'이라는 정부 방식을 명확히 거부했다. 민주정은 불안정하고 개인에게 과도한 부담을 주므로 "신의 인민"이 있다면 그들에게나 적합하다는 것이다(3부 4장).

구속력을 갖기 위하여 전체 인민의 동의를 요구하는 것은 오직 사회계약뿐이다. 루소는 시민 공동체가 1년에 한 번 광장에서 공화국의 기본 법률에 대해 충성을 선언하는 도시 공화국의 실천 방식을 감안하고 있었다. 이외에 루소는 공화국 영토에 거주함으로써 생겨나는 암묵적 동의로도 만족했다. 단순한 법률에 대해서 루소는 다음과 같은 대강의 원칙을 세웠다. 법률이 더 의미 있고 더 많은 헌법의 문제와 관계될수록 오히려 만장일치를 추구해야 한다. 다른 한편 입법 결정이 시급하고 조정할 필요가 클수록 일반적으로 구속력을 가지는 결정은 단 한 표 차이로 이뤄졌다고 해도 정당하다(4부 2장).

루소는 몽테스키외처럼 소규모 공화국들의 연방식 동맹을 제안했다. 이는 군주가 통치하는 영역 국가들의 중앙화된 힘으로부터 자신을 지키기 위한 것이었다. 루소가 몽테스키외와 결정적으로 달라지는 지점은 대표 문제다(3부 15장). 인간은 자신이 복종할 법을 스스로 써야 한다. 이 과제를 대표자들에게 위임해버린다면 시민은 정치적 과정에서 전문가의 판단을 신뢰하는 데 익숙해질 것이다. 그러나 전문가들은 자신들만의 특수한 이해관계를 가진 자신들의 사회집단을 형성할 것이다. 이는 후에 정치 계급으로 불리게 될 것이다.

지속적 정치 참여의 전제는 공동감각으로서의 덕이다. 루소에 따르면 사회적 동질성, 낮은 복지 상태, 작은 영토가 공동감각을 양성하기에 유리한 기본 조건을 구성한다. 루소는 4가지 법 개념, 즉 국법 내지 기본법(정치법loix politiques, 기본법loix fondamentales), 민법과 형법 그리고 "마음의 법"을 알고 있었다. 루소가 관습과 여론으로서 이해했던 마음의 법은 시민의 마음속에 새겨지는 것으로 이것이 진정한 헌법이다(2부 12장). 법률 용어로 되어 있는 냉정한 텍스트만으로는 공화국을 세우기에 충분하지 않다. 공화국은 시민들 사이에 정서적으로 뿌리내려야 한다. 시민종교, 즉 공화국이 스스로 세운 종교와 같은 제도들이 개인이 시민으로 이행하는 과정을 지원할 것이다. 나아가 루소는 교육을 거론했다. 교육에는 학교의 가르침(시민은 나라의 기본법을 숙지해야 한다)만이 아니라 정치적 축제도 포함된다. 정치적 축제는 공화국의 존재를 감각적으로 체험할 수 있게 하며 시민과 공화국의 동일화를 용이하게 해준다. 프랑스 혁명가들이 이 제안을 채택했다. 예컨대 마르스 광장에서 열렸던 전국 연맹제가 그것이다.

이렇게 해서 이행 과정이 설정될 수 있다고 해도 이미 공화국은 수립되어 있어야 한다. 그러나 공화국을 통해서야 시민들의 공동감각을 양성할 수 있다면 공화국은 누가 세우는 것일까? 여기서 루소는 적합하고 탁월한 덕을 지닌 개별 인격체로서의 입법자를 제시한다(2부 6~7장). 입법자는 아직 공동감각을 갖지 못한 채 정치를 바라보는 사람들을 설득하기 위해 특별히 만들어진 시민종교를 활용해야 할 것이다. 그 종교는 공화국을 외부의 교회와 그 특수한 이해관계로부터 독립시키며 우선적으로 법률의 구속력을 창출한다. 이 구속력은 자유를 위하여 후에 훈련된 판단력으로 대체될 것이다. 시민 종교의 내용은 "종교적 교리로서가 아니라, 그것이 없으면 좋은 시민도 충실한 신민도 될 수 없는 공동체를 위한 감각"으로서 시민에 의해 정해질 것이다(4부 8장). 시민들은 누구에게도 그것을 믿도록 강요할 수는 없지만 그 같은 신조를 거부하는 자를 추방할 수 있을 것이다.

몽테스키외와 루소는 서로 매우 다른 이론적 접근 방식을 추구했다. 몽테스키외는 수많은 정부 양태를 연구하고 그 존재 이유와 정치적 자유가 희소한 이유를 탐구했다. 루소는 그에게 이상적으로 비친, 정치적 자유가 실현될 수 있는 정치 질서를 모델화했다. 두 사람은 제도적 문제에 관심을 기울였다는 점에서 서로 닮아 있다. 자유가 인도한다거나 사람이 다른 사람을 지배하는 것이 아니라 법이 지배해야 한다고 주장하는 것은 그들에게 매우 부족했다. 루소가 말했듯이 인간은 자유롭게 태어나지만 도처에서 사슬에 묶여 있다. 가설과 희망만으로는 충분치 않았다. 자유를 실행할 가능성을 정확히 분석할 필요가 있었다. 바로 이 보완 작업이 18세기 말 북대서양 양안에서 혁명과 함께 시작되었다.

6. 《페더럴리스트》와 임마누엘 칸트
혁명기 헌법 국가와 법치국가

미국독립전쟁과 프랑스혁명은 정치 이념적 상황을 현저히 변화시켰다. 이제야 혁명 개념은 사회구조를 일격에 무너뜨린다는 근대적 의미를 얻게 되었다. 미국과 프랑스는 전해져온 질서를 극복하고 스스로 규정한 새로운 헌법들로 대체한 곳이었다. 프랑스는 앙시앵 레짐(구체제)을 극복해야 했으며 새로운 정치 질서를 형성하기 위해 고유한 모범을 약간 참조할 수 있을 뿐이었다. 미국의 경우 식민지 행정에서 제한적으로 정치적 자치가 가능했다. 이를 통해 행위자들은 특정한 경험을 풍부히 할 수 있었고 그로 인해 유토피아적 목표의 추구에 대해 회의적이 되었다. 더군다나 많은 미국인은 정치를 능동적으로 형성할 일반 시민의 역량을 비관적으로 보았다. 《페더럴리스트》의 저자들도 그랬다.

연방과 공화주의

1787년 10월부터 1788년 5월까지 뉴욕 신문들에 일련의 기사들이 게재되었다. 푸블리우스Publius라는 필명으로 실린 이 기사들은 정치사상사에 《페더럴리스트》라는 이름으로 등장했다. 이 기사들은 1787년 9월 17일 필라델피아 제헌회의에서 채택되어 각 주에 비준을 받기 위해 제출된 새로운 연방헌법의 초안에 관해 논평했다. 반연방주의자들은 연방주의 독립성을 보존하기를 원했지만 연방주의자들은 강한 연방 정부를 추구했다.

푸블리우스라는 필명 뒤에는 알렉산더 해밀턴, 제임스 매디슨, 존 제이가 있었다. 세 사람 모두 미국독립전쟁에서 그 역량을 입증한, 부분적으로는 지역을 넘어 알려진 정치인이었다. 뉴욕주에서 온 알렉산더 해밀턴(1755~1804)은 미국독립전쟁의 지도자이자 훗날의 미국 초대 대통령인 조지 워싱턴의 부관 겸 개인 비서를 지냈다. 그는 필라델피아 제헌회의의 일원이었으며 따라서 헌법 초안 작성에 직접 관여했다. 해밀턴은 신생 정부에서 재무부 장관을 역임했고 이후 미합중국 육군 총사령관이 되었다. 제임스 매디슨(1751~1836)은 버지니아 태생이었으며 마찬가지로 필라델피아 제헌회의 대표였다. 이후 매디슨은 토머스 제퍼슨 대통령 정부의 국무부 장관이 되었으며 1809년부터 1817년까지 대통령을 역임했다. 존 제이(1745~1829)는 변호사였다. 그는 연합회의, 즉 1788년의 연방 이전에 존재했던 연방주 동맹의 외무부 장관을 지냈으며 새로운 헌법하에서 연방 대법원장을 역임했다.

《페더럴리스트》는 새로운 헌법으로 구헌법의 결함을 극복하기를 원했다. 세 저자는 구헌법인 "연합규약"하에서 독립전쟁을 치러야 했는데, "연합규약"은 대영제국의 지배를 제한하는 것이 특징이었으며 중앙 권력의 창출을 막았다. 《페더럴리스트》는 강력한 정부가 공화국의 이념과 모순되지 않는다고 주장했다. 매디슨은 그 제도가 가장 우수한 인물들을 선출하는 데만 활용될 뿐이라고 강조했다. 이후 선출된 인물들이 그 역량을 쏟을 수 있는 활동 공간이 있어야 한다는 것이다(《페더럴리스트》 57호). 해밀턴은 연방 집행부의 유익함, 아니 공화국을 위해 연방 집행부가 무조건적으로 필요하다는 점을 강조했다. 집행부는 집단행동을 가능하게 하며 이를 위해 충분한 재량권을 필요로 한다(1호). 집행부가 인민의 권리를 위협한다는 공포는 종종 선동가들에 의해

"공익을 희생하기 위한 미끼"로서 오용되었다. 이와 달리 해밀턴은 성급한 제도적 통제로부터 정치 엘리트들이 독립하는 것의 의미를 강조했다. 해밀턴은, 물론 조기 면직 가능성을 배제하지 않았지만, 대통령 임기를 사실상 종신으로 연장해야 한다고 주장했다. 그래서 해밀턴은 비판자들에게 군주제 추종자로 간주되었다.

해밀턴이 말하는 엘리트에는 헌법 재판관들이 있었다. 이들의 위세는 투표에 부쳐질 새 미국 헌법을 비판한 많은 이들의 비난을 받았다.《페더럴리스트》는 헌법 재판관들의 권한을 비호했으며, 마찬가지로 2년마다 교체되는 하원과 달리 6년의 순환 임기를 가진 상원을 열렬히 옹호했다.《페더럴리스트》저자들의 견해에 따르면 상원에서 새로운 종류의 귀족이 형성될 것이다. 그들이 보기에 공직자와 시민의 관계는 선거나 공직 탄핵을 통한 통제 가능성을 넘어서는 것으로 본질적으로 신뢰의 관계였다. 대표자들은 신뢰를 얻을 수도 다시 잃어버릴 수도 있다(57호).

새로운 귀족을 창출하고 선출된 엘리트들을 위한 활동 공간을 마련하려는 데는 의심할 바 없이 민주주의 이념에 대한 날카로운 비판이 숨겨져 있었다.《페더럴리스트》는 그리스 도시국가의 모범에 따른 민주주의를 거부했는데, 이는 평등 추구 때문이 아니라 정서적 비합리성 때문이었다. 매디슨은 모든 민주적 민회는 그곳을 지배하는 강한 정서 때문에, 모든 시민이 소크라테스 같을 때마저도, 군중 지배로 변질될 것이라고 논쟁적으로 주장했다(55호). 그의 견해에 따르면 민주주의가 선동에 맡겨지는 것이다. 이는 물론 일시적으로 만장일치를 허용하지만 인위적이며 따라서 불안정하다. 차분하게 이성적으로 사태를 판단해본다면 사람들은 곧바로 다양한 의견에 도달하게 될 것이다(50호). 따라서 공화주의 정부는 하나의 공적 견해가 아니라 복수의 견해들에 의거한다(40호). 해밀턴은 대체로 정부는 오직 격정을 제어하는 데만 사용될 것이라고 확신했다(15호). 질문할 것은 한 가지이다. 누가 통치자들을 통제할 것인가?(10호)

해밀턴에게 권력분립을 규정한 헌법은 전체적으로 볼 때 일종의 권리장전이었다. 기관에서 일하도록 선출된 자들 사이의 반목이 개인의 자유를 보장할 것이다(84호). 매디슨은 권력 간 갈등이 발생하면 권위의 최종 원천으로서 인민을 소환하여 결정을 내릴 가능성을 면밀히 고려했지만 포기했다. 권력은 상호 간에 균형을 찾아내야 한다. 여기서 로크와 몽테스키외를 빌려왔다는 것을 알 수 있다. 다만 《페더럴리스트》는 사법부에 입법부, 행정부와 같은 등급의 의미를 부여했다. 《페더럴리스트》에서 최고 재판관들은 정치적 권력투쟁에서 비당파성을 보증하는 비정치적 세력이 아니다. 그들은 정부 권력이었다.

인민을 위해 우려되는 유일한 것은 정부 권력에서 직무를 수행할 인물들이 다수파를 형성하여 소수파를 억압할 위험이다. 그러나 여기서 자유를 보증해주는 것이 있다. 그것은 몽테스키외에서 루소에 이르기까지 어떤 공화주의 정부에도 걸림돌이 된다고 여겨졌던 것, 즉 국토의 규모다. 이는 당파 투쟁과 관련 있다.

정치적 당파(파벌)는 정치 질서에 대해 실제로 위협이 되는가? 이에 관한 논쟁은 고대부터 계몽주의 시대에 이르기까지 계속되어왔다. 아리스토텔레스에서 마키아벨리를 거쳐 에드먼드 버크에 이르는 소수 이론가는 그나마 있을 수 있는 당파의 장점들을 부각시키거나 의회주의 정부 체제에서 당파의 불가피성을 강조했다. 하지만 플라톤에서 루소에 이르는 압도적 다수는 가능한

한 당파 형성을 저지하려 했다. 이와 반대로《페더럴리스트》는 공격적으로 당파의 의미와 유용함을 옹호했다. 루소가 이미 거론한 바 있는 불평등이 존재하는 근대사회의 복잡성이 매디슨에게서는 상이한 이익집단들의 형성으로 이어진다. 이를 저지하는 것은 사회구조에 맞서 싸운다는 것을 의미한다. 그러나 몇 년 후 프랑스 혁명가들과 달리 미국 혁명가들은 그것을 의도하지 않았다. 그들은 사회적 평등과 공동재산을 원치 않았다. 그들은 우선 정치적 독립을 원했다.

매디슨은 2가지 가능성을 고려했다(10호). 이해관계들을 동질화시킬 수도 있겠지만 이는 자유를 현저히 제한할 것이다. 그러나 파벌을 늘린다면 그들은 서로를 제지할 것이다. 국토의 규모가 클수록 정치적 이익집단의 수가 증가하여 행위자들의 야심이 서로를 제어할 수 있다. 따라서 매디슨은 미국의 광대한 영토가 정치적 자유의 방해물이 아니라 보증인이라고 보았다. 단일하고 균일한 다수는 소수에 대한 지속적 억압을 의미할 수 있다. 연방제 구조와 더불어 국토의 큰 규모는 모든 권력 부분에서 그 같은 다수가 형성되지 않을 개연성을 높여준다(51호).

이성의 법치

임마누엘 칸트(1724~1804)는 미국과 프랑스에서 볼 수 있었던 것과 완전히 다른 혁명을 제안했다. 이 쾨니히스베르크의 철학자는 "사고방식의 혁명"을 원했다. 정치는 경험이나 영리함으로 그 자체의 규칙을 획득하려 할 것이 아니라 모든 경험적 특수성의 위로 솟아나는 이성을 지향해야 했다. 칸트는 법의 원천으로서 일반의지를 만들어내려 했던 루소의 소망을 급진적으로 만들었다. 법의 원천은 인간 모두에게서 발견될 수 있으며 인간의 이성적 본성 안에 놓여 있다는 것이다. 그 내용을 찾아내기 위해서는 제도적으로 조직화된 의지의 형성이 아니라 무엇보다도 사유 자체에 대한 비판이 필요하다.

칸트는 프랑스혁명이 발발하기 전에 인식론과 실천철학에 관한 첫 비판서를 출간했다. 1789년 후에 출간된 《판단력 비판》(1790)에서 칸트는 이미 세계사적 사건(프랑스혁명, 65절)을 다루었다. 1793년에는 논문 《속설에 대하여》를, 1795년에는 《영구평화론》을 출간했다. 1797년에는 《도덕 형이상학》을 통해 법철학의 체계적 구상을 발표했다. 칸트에 따르면 법치국가에서 헌법은 법의 원칙과 일치한다. 그 원칙은 오직 그 합리성에 의거하여 구속력을 가지며 그 외부의 목적들, 이를테면 인간의 복지로 말미암아 구속력을 얻지 않는다(Werke VIII, 437; Werke XI, 158 참조).

칸트에게 사회계약은 미국과 프랑스에서 시도된 것 같은 정치적 헌법 제정 모델이 아니었다. 그것은 "하나의 이성 이념일 뿐"이자 "합법성의 시금석"이었다(Werke XI, 153). 모든 사람이 이성적 능력에 따라 보편적 법칙에 동의해야 할 때, 법은 그 법을 실제로 실행할지 여부와 무관하게 정당하다. 칸트는 인간의 최대 자유를 가능하게 해주는 동시에 그 자유가 모든 타인의 자유와 함께 존속할 수 있게 해주는 헌법에 관해 사유하는 것을 실천 이성의 과제로 규정했다(*Kritik der reinen Vernunft*, B 373).

칸트에 의하면 정치 질서에서 인간의 지위는 삼중으로 산정될 수 있다. 그는 인간으로서 사회의 일원이며 사회 안에서 자유를 얻는다. 그러나 동시에 신민으로서 다른 모든 사람과 그들의 입법에 예속된다. 마지막으로 그는 국가 시민으로서 모두와 평등하다(Werke XI, 150~151). 평등한 인간으로서 동료 시민들과 교류하기 위해서는 자립할 필요가 있다. 자립 과정에서 그는 독립적 판단을 내리기 위해 "그 자신의 주인"이 된다는 것의 특징을 이해한다. 이를 위한 가장 중요한 전제는 소유다 (Werke XI, 150~151).

칸트는 합법적 입법을 자의적 입법과 구별했다. 이를 위해 그는 지배에 대한 질문(지배 형식forma imperii)과 정부 직무 수행에 대한 질문(통치 형식forma regiminis)을 분리했다. 누가 통치를 행사하느냐, 즉 한 명이 통치하느냐 아니면 소수나 전체가 통치하느냐는 중요하지 않다. 중요한 것은 어떻게 지배를 행사하는가, 전제적인가 아니면 공화주의적인가다. 칸트는 법을 제정하는 자들이 동시에 법을 집행하기도 하는 정부 양식을 전제정이라고 정의했다. 여기서는 사적 의지가 동시에 공적 의지이므로 '난센스'다(Werke XI, 207). 칸트는 공화국의 원칙을 정부와 입법의 분리로 이해했으며 대표를 그 고유한 표현으로 보았다. 자유의 법은 "성숙한 이성을 지닌 인민이 그것을 스스로에게 규정하듯이" 적용되어야 하지만 이를 위해서 인민의 실제 동의를 구할 필요는 없다(Werke XII, 365). "전제적으로 지배하기" 하지만 "공화주의 정신으로" 통치하기, 이것이 인민들을 만족시켜 정치 질서의 안정을 낳을 것이다(Werke XII, 360 주). 좀더 포괄적으로 대표가 이루어지는 동시에 좀더 적은 수의 시민이 지배에 참여할수록 정치 질서는 오히려 좀더 공화적이라고 불릴 수 있을 것이다(Werke XI, 207).

칸트의 이론에서 법치국가는 주민이나 인간 개개인의 행복을 증진하기 위한 도구가 아니다. 법치국가는 정언명령에 따라서 일반 입법으로서 정의되는 이성의 명령을 구현하는 역할을 한다. 합법적 정치 질서는 그 원칙에 따르면 인민 의지의 표현일 뿐이라고 생각할 수 있지만 이 인민 의지는 조건적 원칙일 뿐 경험적 원칙이 아니며 매번 현재의 인민 의지와 동일하지 않다. 이러한 성찰로부터 칸트는 인민 저항권도 거부했다. 법치국가의 이념에 따라서 인민은 그 정치 질서의 헌법을 비판할 수 있지만 혁명적으로 활동해서는 안 되며 개혁만을 요구해야 한다. 그런 까닭에 자유의 보증인으로 남는 것은 사상과 표현의 자유뿐이다.

칸트는 국가들 역시 상호 간 법적 관계에 있다고 보았다. 칸트는 18세기 국제법 논의를 매우 정확히 추적하여 《영구평화론》에서 당대의 평화 논쟁과 연결시켰다. 이 책에서 칸트는 실천이성의 요구를 정치적 생활의 현실과 조화시키려는 시도에 착수했다. 이는 1795년 프랑스공화국과 프로이센왕국 사이의 바젤평화조약에 자극

받은 것이었다. 칸트는 당대에 통용되던 평화조약의 구조를 수용했다. 그에 따라 "예비 조항"에서는 평화의 정치적 선행조건이 규정되었고 "확정 조항"에서는 미래를 위한 실제 협정이 기술되었다.

예비 조항에서 칸트는 6가지 선행조건을 확립했다. 그것은 평화를 유보하지 말 것, 다른 국가를 영유하지 말 것, 상비군을 조만간 폐지할 것, 외교적 기획을 위해 채무를 지지 말 것, 다른 나라의 내정에 간섭하지 말 것, 전쟁에서 장래의 평화를 불가능하게 할 수단을 이용하지 말 것이다. 확정 조항에서는 영원한 평화의 유지를 위하여 3가지 규정이 마련되었다. 즉 국가들의 헌법은 공화적이어야 하고 국제법은 자유국가들의 연방제에 의거해야 하고 세계시민법은 체류권에 근거하여 확정된다는 것이다.

칸트는 평화 상태를 국가 안에서의 그리고 국가들 사이에서의 완전한 법치 상태로 이해했다. 하지만 그는 홉스를 좇아 현실주의적 성찰을 출발점으로 삼았다. 칸트는 평화를 자연 상태로, 전쟁을 상태의 교란으로 생각한 자무엘 푸펜도르프와 크리스티안 볼프에 기초한 국제법 이론을 반박했다. 그 이론이 평화를 자연 상태로,

전쟁을 그 상태의 교란으로 보았기 때문이다. 칸트에게 자연 상태란 평화가 아니라 전쟁이었다(Werke XI, 203). 그런 까닭에 우선 평화 상태를 확립해야 한다. 단순히 전쟁을 자제하는 것은 아직 평화가 아니다. 실제적 법질서만이 지속적 평화 질서로 간주될 수 있으며 다른 모든 것은 그저 오래 지속되는 휴전이라고 말해야 할 것이다.

칸트에 따르면 평화는 국가연합의 창설을 통해 가능해진다. 이 같은 국가연합에서 국가들은 그 주권을 유지하되 전쟁 방지라는 연합의 공동 목표를 추구한다. 장래의 모든 갈등은 중재 기구를 통해 조정될 것이다. 공화국들만 연합의 구성원이 될 수 있다. 공화주의 정부는 "전쟁에 중독"되지 않는다고 칸트는 믿었다(Werke XII, 361). 그의 시대에는 국가의 수장이 신민을 병사로서 자신의 재산인 듯 함부로 다루는 게 흔한 일이었다. 칸트는 전쟁과 평화를 결정하는 데 인민이 참여함으로써 이를 막을 수 있다고 보았다. 하지만 적어도 대외적으로는 적을 방어하기 위한 전쟁은 여전히 가능할 것이다. 이때도 전쟁을 응징이나 정의의 문제로 이해해서는 안 된다. 포괄적 주권 질서와 법정이 부재한 상황에서 전쟁은 분쟁 해소를 위한 비상수단일 뿐이며 상대방을 파괴하는 것을 목표로 해서는 안 된다(Werke XI, 200).

포괄적 법치국가로서의 세계국가를 요구하는 것은 칸트적 사유의 구상에서 보자면 당연한 일이었다. 그러나 칸트는 여기서 인간 종種의 계속될 발전에 위협이 되는 것을 보았다. 이성과 자연이 추구하는 것은 같은 목표다. 그것은 계몽된 자기 결정이라는 의미에서 인간 종의 완성이다. 그러나 이 목표를 달성하기 위해 자연은 인간의 다른 특성들을 이용한다. 자연은 인간 종에게 서로 멀어지게 하는 동시에 끌어당기는 힘을 부여했다. 이것이 "비사교적 사교성"의 "항쟁"이다. 척력斥力에 속하는 것은 많은 언어와 종교이고 인력引力으로는 상업이 있다. 그리하여 세계의 차원에는 세계국가 없는 세계시민만이, 즉 개인들의 이국異國에 대한 관계만이 남는다. 칸트는 모든 국가의 사람들에 대한 "환대", 즉 체류권을 요구했다. 칸트의 견해로는 그가 "세계시민법"이라고 명명한 이 관계들의 존재를 말해주는 실천이 이미 있었다. 이미 세계무역이 그에 대한 단서이다. 나아가 "지구상 어느 한 곳에서의 위법행위가 모든 곳에서 감지되는" 상황도 그런 것이다(Werke XI, 216).

직접 관계되지 않아도, 사건의 무대가 멀어도 인간은

공론을 통해서 관여한다. 칸트는 공론에 평화의 보장이라는 부가적 작용을 부여했다. 즉 공론이 비밀외교에 대한 균형추라는 것이다. 칸트에게 공론은 외교정책에서의 "공법의 초월적 원칙"이었다. 그 전략 자체를 폐기하지 않고서 그 원칙들을 공포할 수 있는 외교정책만이 정당한 것으로 간주되어야 한다(Werke XI, 244~251). 공론이 정치가의 "어둠의 술책"을 좌절시키는 것이다. 정치의 민주화가 공론을 어느 만큼이나 선전과 선동 정치를 위한 가도假道로 만들지 칸트는 확실히 예견하지 않았다. 하지만 그가 공론의 민주화를 옹호한 것도 아니었다.

《페더럴리스트》의 저자들과 칸트는 모두 공화국에 관해 논했다. 양자 모두 권력분립의 원칙에서 공화국의 본질적 내용을 인식했다. 하지만 양자의 이론적 관심사와 접근법은 서로 다르다고 할 수 있다. 칸트의 관심사는 이성의 원칙에 따라 사유한 법치국가였다. 칸트에게 진리와 정의의 내용은 식별 가능하며 보편적인 것, 즉 어디에서나 유효한 것이었다. 그 전제는 이 원칙들에 대한 지식이 존재한다는 것이다. 일단 원칙들이 탐색되고 나면 모든 정치적 문제는 한번 이성적으로 통찰된 것들을 옮겨놓는 문제가 된다. 《페더럴리스트》의 저자들은 이러한 단일화에서 모든 집단적 자유에 대한 위협을 보았다. 이들의 목표는 집단적 행위를 가능하게 하는 것이었고 이 행위의 지평은 우선 시민 스스로가 창출한 정치 질서의 일반성이었다. 《페더럴리스트》의 저자들은 진리를 믿지 않았다. 그들은 기꺼이 의견을 조직화하려 했고 종국적으로 책임 정치가 가능해지게 하려 했다. 이들이 스스로에게 부여한 과제는 주어진 형편 속에서 정치 질서를 실제로 세우는 것이었다. 단지 이론적으로 정치 질서를 논증하는 것은 그들의 과제가 아니었다.

미래 정치 질서의 구상이 행위자들이나 공론에 지향점을 제공해줄 수 있는 과제가 되는 곳에서 칸트의 강점이 나타난다. 따라서 국제적 평화 질서 모델에 대한 질문이 절박해졌을 때는 언제나 칸트가 가장 열렬히 수용되었다. 제2차 세계대전 시기, 국제연맹과 유엔의 형태에 관한 토론에서 칸트는 가장 중요한 준거점의 하나였으며 현대에도 세계시민주의 논쟁에서 매우 현시적이다.

7. 헤겔과 마르크스
사회와 정치에서의 근대적 모순

근세의 사상가들이 사회적 힘을 연구한 것은 그 힘이 정치에 미치는 영향을 분석하기 위해서였다. 그들은 정치 질서가 사회적 힘들을 지배할 수 있다고 확신했다. 헤겔과 마르크스, 베버와 호르크하이머 같은 '근대' 사상가는 정치가 이 사회적 힘들의 주인이 될 수 있는 제한된 가능성에 관해 논의하기 시작했다. 이성적 척도에 따라 사회적 관계를 정리하려 한 정치의 형성 의지는 예견하지 못했던 결과들로 이어졌다. 그리고 많은 사상가는 사회적 족쇄로부터의 해방이 때때로 새로운 사슬을 낳는다는 사실을 깨닫기 시작했다. 인간에 대한 인간의 지배 대신 자기 결정의 자유에 대한 "사회적 관계"의 지배가 나타났던 것이다.

헤겔은 당대 다른 어떤 사상가와도 달리 근세 초에서 근대로의 이행을 구체적으로 기술했다. 헤겔은 예전의 정치 담론들을 서로 결합시켰으며 또 다른 정치 담론들을, 무엇보다도 한편에서 마르크스의 철학을 그리고 다른 한편에서 국가주의를 촉발했다. 헤겔은 정치 질서 모델을 구획하기 위하여 자가발전하는 사회적 힘들을 정치 질서 모델 속에 산입시켰다. 그러나 마르크스가 봤을 때는 알려진 모든 국가 모델을 폭파시켰던 것이 바로이 사회적 힘들이었다.

국가와 시민사회

게오르크 빌헬름 프리드리히 헤겔(1770~1831)은 개인의 의식 속에 실재를 세우는 이상주의 철학과 인간 집단의 행동으로부터 사회 발전을 설명하는 정치경제학의 사회과학적 관점을 통합했다. 헤겔에게 이 양극 사이의 교량은 역사였다. 헤겔은 역사에서 인간의 자유가 증대되는 방향으로 나아가는 운동의 경향을 보았다. 물론 역사는 개인과 사회 간의 구조적 긴장에 의해 추동되었지만 결국에는 항상 자유의 증대를 가져왔다.

젊은 시절 헤겔은 프랑스혁명의 열렬한 옹호자였다. 만년에도 그는 프랑스혁명에 대해 "인간이 물구나무서서, 즉 사상으로 서서 이에 따라 실재를 건설했다"(Werke

XII, 529)라고 감격하며 인증했다. 청년 시절 헤겔은 독일에 결여된 국가성 때문에 고뇌했다. 독일은 낡은 제국의 형상 속에 우연히 뒤섞인 제후국들의 조각을 이어 붙인 양탄자 같았다. 그와 반대로 그리스의 고대는 개인과 정치 질서의 내적 융합, 즉 개인과 전체의 일치 가능성이라는 아이디어를 헤겔과 그의 세대(휠덜린, 셸링 그리고 그 외의 많은 이들)에게 제공해주었다. 그래서 헤겔은 우선 루소의 자취를 따르며 부르주아를 다시 시민으로 만들려 했다(*Realphilosophie*, 266). 그러나 베를린대학 교수로 재직하던 1821년에 출간한 《법철학》에서 헤겔은 그 같은 구분을 인위적이라고 평가했다. 이제 헤겔은 사회에 뿌리를 둔 인간의 형상과 사회로부터 해방되고 있는 인간의 형상을 그 각각의 정당성 안에서 인정하며 부르주아와 시민이 여전히 보여주는 대립을 매개하려 했다.

헤겔에게 매개가 의미하는 것은 내재적 대립들 각각의 계기를 상실하지 않으면서 그 대립들을 지양하는 것이다. 그렇기 때문에 화해 역시 항상 언급된다. 헤겔에 따르면 이 같은 매개는 "기계적으로" 이루어질 수 없다. 그는 권력분립론 같은 균형 모델의 범주적 오류를 비난했다. 특히 자유와 평등의 권리를 개인들에게 양도하고 가상의 자연 상태로부터 출발하는 계약론 모델은 실제 사회화 과정을 이해하는 데 완전히 부적절했다(《법철학》 273절, 보충 279절). 어떻게 개인은 자신의 주관적 자유가 형식적일 뿐 아니라 실질적으로 고려된다고 신뢰하는 것일까? 인권을 승인한다고 해도 이에 관해서는 여전히 설명되지 않는다. 투표에서 패배한 소수의 다수에 대한 의무는 어디에서 오는 것일까? 어떻게 일반의 이익을 위해 개인의 특수 이익을 포기하게 되는 것일까?(*Realphilosophie*, 263)

헤겔에게 칸트 철학은 공허한 당위로 보였다. 그 당위는 실재의 필연성에 튕겨 나가거나 프랑스 테러 정권처럼 과도한 폭력을 가지고서만 존속할 수 있었으며 오래 가지도 못했다. 헤겔은 프랑스혁명에서 인식할 수 있었던 자유에 대한 이해를 모든 동기를 배제한 공허한 추상이라고 명명했다(《법철학》 5절). 모든 동기로부터 자유로워지기를 항상 원하지만 어떤 영속적 제도도 산출해내지 못하는 것, 이는 헤겔이 보기에 자유의 외양일 뿐이었다. 혁명의 첫 번째 단계에서 혁명가들은 개인을 자유롭게 하여 사회의 구속으로부터 추상적, 형식적으로 분리함으로써 사회적 자아 개발의 특정 작용을 심화했다. 그러나 자아 개발은 그 후 평등이 더 강하게 강조됨으로써 더는 정치적으로 보상받지 못했다. 숙련성과 재능의 자연적 불평등에 대해 "평등의 요구를 내세우는 것은 공허한 오성에 속한다. 이 오성은 그 추상과 당위를 실제적이며 이성적인 것으로 간주한다"(200절). 이것은 칸트와 추종자들에 대한 예리한 비판이었다. 단순한 당위는 아직 실재를 구성하지 못한다. 그리고 완전히 이성적인 사유의 세계와 불완전한 경험 세계라는 칸트식 이원론은 헤겔이 보기에 실재에 대한 일종의 항복이었다.

헤겔은 기꺼이 정치경제학의 담론을 다루며 정치경제학을 근대적 학문이라고 칭송했다. 정치경제학은 인간의 자연적 불평등을 인위적으로 평준화하기 위해 정치적 수단을 사용하는 대신 사회적 힘이 어떻게 '불평등 요소'를 재화 생산으로 전환하여 부를 창출할 수 있는지 보여준다. 나아가 사회는 노동과 인정의 가능성을 통해 인간의 개인화를 가능하게 한다. 가족은 사랑으로 엮인 집단이다. 인간은 성인 연령이 되어서야 가족 집단을 벗어나 출신이 아닌 노동과 인정을 통해 사회에서 자신의 자리를 찾고 각자의 특성과 역량에 따라서 타인들과 구별될 수 있다. 자영업자는 이기주의를 발휘함으로써 의도와 반대로, 즉 주체의 의지와 관계없이 공공복지를 장려하는 결과를 낳는다. 주체의 사욕이 변형되어 모두의 욕구를 충족시키는 데 기여한다(199절). 개인적 행동 방식의 혼돈이 내적으로는 정돈된 전체로 기술되고 이해될 수 있는 것이다. 하지만 사회는 또한 긴장과 불평등의 형상으로 새로운 모순들을 재차 창출한다. 부유함과 나란히 쓰디쓴 빈곤도 나타나기 때문이다. 사회화의 동학이나 개인화 과정을 훼손하지 않으면서 이 새로운 갈등을 해소하기 위하여 사회를 넘어서 국가가 일어선다. 국가는 관료와 국가 수장인 군주의 형태로 일반적인 것이 구체화된 것이다.

"법철학"에서 명시된 것처럼 헤겔의 체계는 이같이 개인 사회화의 3가지 차원을 포괄한다. 말하자면 가족, "시민사회" 그리고 국가다. 그리고 세 단계가 함께 "객관적 인륜"을 형성하며 복합적이지 않은 형식적 법과 윤리로부터 구별된다. 인륜의 개념에서 헤겔은 통상 따로 주제화되는 법, 경제, 전쟁, 관료의 문제들을 사랑, 명예, 교육과 마찬가지로 내적 상호 관계 안에 놓았다. 개인의 사회적 행동 동기는 개인의 자기 이해(의식)와 사회 및 정치 제도의 상호작용에서 비롯된다. 여기서 법은 규범적 결정의 매개체일 뿐이다. 헤겔은 법인, 계약, 소유, 형법과 같은 표상을 갖춘 "추상법"을 의도, 죄책감, 양심 등 인간이 스스로 부여하는 모든 동기인 "도덕성"과 구별했다. 또한 국가는 객관적 인륜의 정점에 서 있지만 인륜의 최고 형태는 아니다. 헤겔은 종교, 예술, 학문에서 나타나는 절대적 인륜을 국가의 상위에 놓았다.

객관적 인륜의 세 수준 모두에서 개인은 실재적 관계의 필연성에 대한 통찰이 자라나는 과정을 거친다. 실재적 관계들의 모순은 시민사회와 국가의 공동 작용을 통해 극복된다. 사회화를 이해하기 위해 헤겔이 정치경제학으로부터 끌어낸 것이 소유의 중심적 지위다. 헤겔에게 소유는 법적 관계가 아니라 사회적 관계였다. 소유의 거부는 인정의 불이행이다(200절). 그렇게 해서 헤겔은 빈곤과 실업의 의미를 파악했다. 빈곤과 실업이란 공동체의 복지에 참여하지 못할뿐더러 인정받지 못해 사회적, 심리적으로 배제된 채로 남게 된다는 의미다. 따라서 빈민 구제(242절)는 (인륜적 시각에서 볼 때) 본래의 해악을 치유하지 못한다(보충 244절). 시민사회는 자신의 원칙을 훼손하지 않고서는 빈곤을 퇴치할 수 없다. 자선을 베푸는 것은 사회적 지위를 스스로 획득한다는 이념을 훼손한다. 다른 한편으로는, 헤겔이 영국에서 관찰했듯이, 빈민들을 생산과정에 인위적으로 통합한다면 과잉생산으로 이어질 것이며 이는 또 다른 빈곤의 원인이 될 것이다(보충 244절). 사회 발전의 동학은 스스로 사회를 해체시킬 위험을 낳으며 프롤레타리아를 방출한다(243절 이하). 여기서 국가는 시민사회의 모순적이고 자기 파괴적인 힘을 정지시키지 않으면서 제어해야 한다.

헤겔은 국가가 시민사회와 직접 대립하지는 않는다고 말했다. 시민사회는 내적 갈등을 극복하기 위해 자기 조정 수단을 계발한다는 것이다. 헤겔이 거론한 것은 사법제도, 경찰행정, (이익 단체의 의미에서) 직업단체다. 그는 특히 지방 법정, 순경 제도, 시민사회에서 중심을 차지한 동업조합에 주목했다. "오성 국가"에 속하는 이 제도들은 시민사회 공통의 욕구에 맞춰 만들어졌다. 이와 달리 좁은 의미의 헤겔식 단어 활용에서 국가를 의미하는 이성 국가는 일반적인 것을 대표한다. 이성 국가는 시민사회를 마주하고 감독하는 제도들에 의해 구현된다. 헤겔은 여기에 관료 신분을 포함시켰다. 관료 신분은 오성 국가(행정)의 활동에 대해 감독 기능을 행사하고 외교정책을 추동한다. 오성 국가는 시민사회의 신분적 이익을 대변하며 이성 국가에 대해 이를 관철한다. 오성 국가는 입법에서 이성 국가와 협력한다. 사회 안에 놓인 모든 갈등과 대립을 영국 의회와 같은 단 하나의 기관에서 정치적으로 중재하는 것은 적절치 않다고 헤겔은 생각했다.

국가의 이념과 함께 헤겔은 정치를 사회경제적으로 이해되는 시민사회civil society의 부분 체계로 구상했던 영어권 국민경제학의 지평을 넘어섰다. 헤겔에게 국가는 소유자들이 소유를 보호하기 위해 세운 제도가 아니다. 헤겔에게서 시민사회는 오히려 국가를 전제한다. 국가는 일반적인 것의 관리자로서 자신의 법으로 존재한다. 국가를 통해서야 비로소 가족과 시민사회의 특수한 이해관계와 욕구, 그 각각의 고유한 정당함을 전체적으로 조망하고 고려하게 된다. 국가는 그들 존재 조건의 틀을 보증한다. 오직 관료만이 일반적인 것의 시각을 취한다. 시민사회의 개인은 이러한 시각을 공유하지 않더라도 자신의 이해관계가 고려될 것이라는 신뢰를 가져야 한다. 따라서 헤겔은 공론을 시민사회, 개인, 국가 사이의 근본적 유대라고 본다.

헤겔의 시각에서는 개개인들에게 형성 가능성이 거

의 남아 있지 않다. 헤겔은 군주에게조차 입법 과정의 테두리 안에서 일종의 "최종 결재자"가 되기만을 허락했다. "말을 탄 세계정신"인 나폴레옹과 같은 "세계사적" 인물들이 형성적 영향력을 가진다 해도, 결국 그들도 사회사적 발전 과정의 집행자일 뿐이지 그 원인이 아니다. 나폴레옹은 에르푸르트에서 괴테에게 정치는 운명이라고 말했다. 헤겔이라면 정치가가 아니라 정치가 운명이라고 정확하게 덧붙였을 것이다.

계급투쟁과 혁명

카를 마르크스(1818~1883)는 자신을 헤겔 이론의 후계자라고 여기며 헤겔의 접근 방식을 급진화했다. 헤겔이 매개 사상을 가지고서 전적으로 생산적인 갈등 해소에 몰두한 반면 마르크스는 사회적 힘들의 독립을 예측했다. 그 독립의 끝에서 국가의 틀 역시 폭파될 것이었다. 헤겔의 철학은 '청년헤겔학파'라는 이름으로 자유주의 성향의 학자와 공화주의자, 사회주의자를 아우르는 지적 운동을 촉발했다. 헤겔 좌파와 우파는 조심스럽게 구분할 수 있다. 헤겔 우파는 관료층, 즉 행정이 사회의 특수 이익들 앞에서 일반성을 보존해주기를 바랐다(로렌

츠 폰 슈타인). 이들은 사회적 긴장 관계를 기본적인 것으로 간주했기에 헤겔이 보았던 것보다 더 강하게 국가를 시민사회로부터 분리하는 경향을 보였다. 헤겔 좌파는 국가를 문제의 일부로 간주하여 더욱 급진적 해결책을 모색했다.

마르크스는 베를린에서 공부를 마친 후 다양한 정치 활동 국면을 경험했는데, 대개 프리드리히 엥겔스와 함께였다. 마르크스는 언론과 정당정치 분야에서 활동했다. 또한 혁명가로서 비밀결사에서 활동했으며 국제노동자운동을 창립했다. 그러나 마르크스는 결국 자신을 학자로, 즉 그가 소위 공상적 사회주의와 구별하여 프리드리히 엥겔스와 함께 만들어낸 '과학적 사회주의'의 공동 창시자로 여겼다.

인류가 여전히 목표라고 한다면 소외는 근대적 장애물이다. 파리에서 이루어진 초기 연구(《파리 수고》)에서 마르크스는 소외 개념을 중심으로 삼았다. 순수하게 경제학적으로 예측해보자면 노동자가 노동 생산수단의 주인이 되는 일은 갈수록 어려워진다. 노동자는 생존을 위해 점점 더 많은 노동을 양도해야 한다. 그렇게 해서 노동자는 경제적으로는 착취를, 정치적으로는 억압을 의미하는 종속 관계에 접어들게 된다. 억압은 물론 '계급투쟁'의 연쇄인 사회사에 속한다. 계급은 정치 정당이 아니다. 계급은 사회 발전을 통해 생성되며 사회 발전과 함께 변화한다. 계급으로서의 시민층은 봉건제 안에서 귀족에 대한 계급투쟁으로부터 성장했다. 그처럼 프롤레타리아 계급은 부르주아 사회에 의해 만들어져 계급 없는 사회, 공산주의를 세우기 위해 부르주아 사회를 극복할 것이다.

마르크스가 공산주의라는 용어로 가리킨 것은 소외가 지양되고 인간이 최초로 모든 면에서 '자유로울' 수 있는 사회적 시대다. 생산수단이 사회화될 때, 말하자면 그것이 모든 이에게 공동으로 속하고 누구도 억압받지 않을 때 그렇게 되는 것이다. 자유의 시대는 혁명적 과정을 통해 달성된다. 그 과정에서 사회 구성의 모순들이 첨예화되는데, 이는 생산관계의 구조적 변화를 통해서만 영구적으로 해결될 수 있다. 혁명적 이행기에는 프롤레타리아, 즉 사회사적으로 관찰되는 혁명적 집단 주체가 또한 정치적 주체가 되어 '독재'를 수립할 것이다.

1848년 혁명이 발발하기 직전인 1848년 2월에 출간된 《공산당 선언》에서 마르크스는 자신의 정치 이론을 처음으로 개관했다. 이 책에서 마르크스는 부르주아가 어떻게 거대한 혁명 세력으로 등장했는지에 관해 기술했다. 부르주아는 봉건적 사회 체제를 뒤로하고 "세계 시장"을 창출함으로써 문명을 세계로 확장하려는 참이었다. "그들 상품의 저렴한 가격은 중국의 모든 성벽을 쏴 부수는 중포다"(*Das Manifset der kommunistischen Partei*, 70). 민족적 편견이나 고립은 불가능해지고 반동적 편협함과 민족적 협량함도 불가능해질 것이다. 이는 자유 경쟁으로 대체될 것이며, 결국 동일한 기준이 적용되는 "세계시민주의적" 세계가 들어서게 될 것이다(69). 마르크스가 환영했던 이 진보의 시각은 "세계문학"의 형성과 같은 관념적 발전도 포함한다(70).

혁명적 계급으로서 부르주아는 사회사적으로 정당한 지배를 요구하는 것이다. 혁명적 힘이 고갈되면 그들은 종말을 맞이할 것이다. 마르크스는 이를 이미 인식할 수 있다고 믿었다. 한편으로 마르크스는 이윤율 하락에도 불구하고 동시적으로 나타나는 불가피한 과잉생산 때문에 경제 위기에 대한 취약성이 점점 더 높아지리라고 예측했다. 그에 따라 경제 위기는 혁명적 상황을 초래하며 거기서 부르주아 스스로 만들어낸 계급인 프롤레타리아가 지배를 다투게 된다. 마르크스의 출발점은 중간 신분과 마찬가지로 농업 인구가 빈곤해져 프롤레타리아로 변해간다는 것이었다. 여기서 그는 시민사회를 통해 발생한 빈민층에 대한 헤겔의 분석을 직접적으로 받아들였지만 그 해결책을 따르지는 않았다.

프롤레타리아의 빈약한 교육 수준과 통치 경험의 부재를 감안하면 하필 프롤레타리아를 혁명 주체로 선언한 것은 놀라운 일임에 틀림없다. 그러나 전체 사회적 시각에서 보면 프롤레타리아가 최적이다. 프롤레타리아는 부르주아의 진정한 부정이다. 프롤레타리아는 사회적으로 점점 더 탈분화되고 있었으며, 이들이 경험한 빈곤은 평등과 연대를 산출해낸다. 아울러 전 세계에 걸친 생활 관계의 평준화는 프롤레타리아의 국제화로도 이어진다. 프롤레타리아는 그 멈추지 않는 성장으로 인해 궁극적으로 인류 자체와 동일시될 것이므로 공산주의 사회질서의 예정된 담지자인 것이다. 《공산당 선언》에서 마르크스는 부르주아 혁명기에 귀족 일부가 부르주아에게로 넘어갔듯이 이행기에 부르주아 일부도 프롤레타리아에게로 넘어갈 것이라고 단언했다. 하지만 결국 혁명을 추동해나가는 것은 프롤레타리아다. 그들이 잃어버릴 것은 사슬뿐이기 때문이다. 이를 위해 무엇보다도 국제 조직이 필요하다. 그래서 마르크스는 《공산당 선언》을 다음과 같은 유명한 구호로 마무리했다. "만국의 프롤레타리아여, 단결하라!"(96) 마르크스가 보기에는 프롤레타리아가 사회에서 투표로 승리할 가능성이 커지고 있었다. 그래서 그는 프롤레타리아가 첫걸음에 민주적으로 지배를 쟁취할 것이라는 가정으로 나아갔다(84).

하지만 1848년의 좌초한 혁명에 대한 실망과 보나파르트주의의 부상에 대한 경악이 마르크스를 냉정하게 만들었다. 프랑스 황제 나폴레옹 보나파르트의 조카 루이 보나파르트가 프랑스공화국의 대통령이 되는 데 성공했다. 이어서 그는 민주적 국민투표를 통해 공화국의 의회주의적 기초를 제거했고 또 한 번의 국민투표를 통해 결국 황제로 등극했다. 보나파르트주의는 민주주의적 형식이 용납할 수 없는 정치로 이어질 수 있다는 오랜 견해를 확인시켜주었다(Llanque 2008, 367~370).

마르크스의 진정한 주저 《자본론》은 런던 망명 시절에 집필되었으며, 유일하게 마르크스에 의해 완성된 제1권이 1867년에 출간되었다. 원래 《자본론》에서는 정치가 여전히 중요한 역할을 맡아야 했다. (1857년의 초기 구상에 따르면) 《자본론》은 총 6권으로 구상된 거대한 연구 프로그램으로 기획되었다. 이 중 제4권이 국가를 다룰 예정이었다. 그러나 유일하게 출간된 1권은 국가를 다루지 않았다. 그리고 1866년 무렵 두 번째 전체 계획에서도 국가는 별도의 주제로 다루어지지 않았다. 고전적 정치경제학 담론의 연장이자 종결이라고 생각되었던 마르크스의 과학적 사회주의로의 전환이 정치적, 제도적 문제와 거리를 두게 했다.

마르크스는 사회사적 예측에서 자본주의의 변화 역량을 과소평가했다. 이 점을 제외해도 프롤레타리아를 어떻게 조직해야 하는가라는 문제 역시 해결되지 않은 채로 남아 있었다. 사회적 힘들이야 원래 혁명적일 수 있지만 지배 권력을 인수하려면 일정한 수준의 내적 조직화 과정이 전제되어야 한다. 사회가 발전한다고 해서 이 과정을 건너뛸 수 있는 게 아니다. 마르크스의 말대로 프롤레타리아가 결국 잃어버릴 것이 사슬뿐이며 따라서 가장 저열한 압제에서 벗어나 자치의 과제를 넘겨받아야 한다면 절대 그럴 수 없다.

독일사회민주당 창당 초기를 이끈 인물은 마르크스

가 아니라 페르디난트 라살이었다. 그리고 민주주의에 대한 요구를 사회민주당에 새겨 넣은 이도 라살이었다. 이는 라살의 때 이른 사망 후인 1875년에 사민당이 채택한 고타강령에서 그대로 드러났다. 고타강령은 마르크스의 강한 반발을 유발했다. 마르크스는 고타강령에 대한 논평을 작성하고 거기서 한 가지 질문을 제기했다. "부르주아 사회에서 공산주의 사회로의 이행기에 프롤레타리아가 취해야 할 지배 형태는 무엇인가?"(*Schriften* II, 1032 이하) 민주주의에 대한 요구는 프롤레타리아를 구속할 것이며 부르주아를 동등한 존재로 인정함을 포함한다는 것이다. 수탈자를 수탈하는 것은 혁명적 과정이며 그렇기에 항상 강압적이기도 한 과정이다. 이를 정당화하는 것은 법률적 청구권이나 의회에서의 과반 득표가 아니다. 그것은 오직 사회사에 대한 올바른 분석으로 정당해지는 것이다. 그래서 마르크스는 과도기적 방식으로 "프롤레타리아 독재"가 공산주의 사회질서가 확립될 때까지 존속해야 한다고 확언했다.

이 발언과 관계되는 것이 1871년의 파리코뮌에 관한 마르크스의 출간물이다. 마르크스는 자신이 원한 집단 독재를 쟁취한 모범이 파리코뮌이라고 천명했다. 당시

코뮌은 끔찍한 실패를 겪었고, 유혈 사태로 인해 봉기의 정당성에도 의문이 제기되었다. 마르크스의 코뮌에 대한 찬사는 독일 노동운동에서 관심을 끌지 못했다. 이 글을 재발견한 인물은 레닌이었다. 레닌은 제1차 세계 대전 중 《국가와 혁명》을 저술하면서 이 책을 발견하고 자신의 혁명 계획에 이용했다. 레닌은 이미 1902년 《무엇을 할 것인가》라는 소책자를 통해 계급투쟁을 위한 정치조직의 의미를 인정하라고 요구했다. 레닌은 노동자의 생활수준 향상만을 추구하는 노동조합운동과 마찬가지로 맹목적 테러리즘을 거부했다. 그 대신 혁명과 권력 인수의 과정을 계획하고 실행할 직업적 혁명가의 당이 필요하다고 보았다. 파괴력을 갖기 위해서는 그 당이 민주주의적 관점에 따라 조직되어서는 안 되었다.

하지만 과도기 정권으로서 정당화된 독재는 사회주의적 지배의 지속 상태가 되었다. 이미 레닌의 접근법에서도 그랬지만 독재가 완성된 것은 스탈린에게서였다. 권력을 인수했다고 해도 '반혁명' 세력이나 자본주의 국가에 대한 계급투쟁에서 이 권력을 지키기 위해서는 독재의 유지가 필요했다. 마르크스나 후대의 로자 룩셈부르크 같은 이가 사회주의 혁명가들의 상표로 끌어올린 공개된 학술적 비판조차도 이데올로기적 교조주의에 자리를 내주어야 했다. 이것이 모든 정권을 경직되고 적응력을 잃게 만들어 그들의 몰락을 초래했다.

결국 마르크스가 제안한 해법을 지지하는 사람들은 점점 줄어들어갔다. 그러나 국가의 경계를 넘어선 지구적 시각을 지닌 그의 분석 출발점, 모든 사회의 경제적 토대에 대한 강조 그리고 사유 습관과 사회적 실천의 결합에 대한 가차 없는 비판은 여전히 시의적이다. 반면 레닌은 조직 측면에서 근대 사회의 본질적 요소를 고려했는데, 이는 마르크스가 그의 모호한 결사체론으로 미처 파악하지 못했던 것이다. 그리고 마르크스의 《공산당 선언》 이전에 결사체론을 자기 정치 이론의 중심으로 삼은 이가 있었다. 바로 토크빌이다.

8. 알렉시스 드 토크빌과 존 스튜어트 밀
근대의 개인과 민주주의

헤겔과 마르크스가 취한 거시 이론적 시각에서 정치적 행위자로 남는 것은 계급 같은 집단적 인물뿐이다. 이를 통해 다수 개인의 행위가 설명되었다. 이와 반대로 토크빌과 존 스튜어트 밀은 개인적 행동의 가능성을 고려하는 중간 수준에 집중했다. 그러면서도 그들은 이것이 결국 타인들과의 협력 속에서만 작용할 수 있다는 점을 무시하지 않았다.

인민주권 이념은 프랑스혁명을 통해 정치적 논의에 등장했다. 이는 외세 지배로부터의 해방을 나타내는 총체적 개념인 동시에 새로운 형태의 위협이기도 했다. 인민주권의 이름으로는 삶의 어떤 측면도 다수의 형성 의지로부터 보호받지 못했기 때문이다. 봉건적 지배자의 자의가 정치적 저항의 동기가 되었듯이, 이제는 민중의 이름으로 주권을 행사하겠다고 주장하며 자신들의 직접적 욕구만을 따르는 군중의 자의에 대한 공포가 저항 동기를 제공했다. 이러한 상황에서 보수주의적 저항뿐만 아니라 자유주의적 저항도 일어났다. 물론 자유주의 이전에도 정치적 이념으로서의 자유는 이미 존재했다(Skinner 1998). 하지만 자유주의는 처음으로 개인의 자유를 중심에 놓았다. 집단적 형성 요구에 의한 개인들의 위기를 이해하고 민주주의를 포기하지 않으면서 개선 가능성을 모색하는 것, 이것이 토크빌과 밀의 정치 이론이 대상으로 삼은 것이었다.

다수의 폭정과 시민의 결사

알렉시스 드 토크빌(1805~1859)은 프랑스혁명기 왕당파였던 노르망디의 유서 깊은 귀족 가문 출신이었다. 토크빌은 파리에서 법학을 공부하며 프랑수아 기조의 문명사를 수강했다. 그는 1830년 7월혁명으로 탄생한 신왕조에서 관리가 되었고 1831년과 1832년 형무소 제도를 연구하기 위해 공무로 미국을 방문했다. 토크빌은 친구 귀스타브 드 보몽과 함께 여행하며 요청받은 연구도 보몽과 함께 완수했다. 그리고 이미 1832년에《미국의 민주주의》라는 기념비적 저작에 착수했다. 이 저작은 1835년과 1840년에 두 권의 책으로 출간되었다.

칸트와 《페더럴리스트》의 저자들이 여전히 고전적 정부론에 포함시켰던 민주주의 개념의 의미를 토크빌은 사회적 차원으로 확장했다. 그리고 몽테스키외에 착안하여 사회적 평등이 정치에 미치는 작용을 탐구했다. 토크빌은 민주주의 개념의 의미를 정부론 내에서도 확장하여, 민주주의를 국가 정치 체계 아래의 시민의 자기 조직으로 이해했다. 여기에는 지방자치 행정, 배심원 제도, 언론 활동, 정당 제도, 이익 단체 등이 속한다. 이러한 시각에서 토크빌은 사회와 정치의 상호작용에 비추어 여성의 지위, 노예의 존재 그리고 교육 및 상업 문제에 관해 논의했다. 토크빌은 평등의 시대를 말했다. 평등의 시대는 미국 같은 민주주의 국가뿐만 아니라 생활 상태가 좀더 평등해져가는 것이 인식되는 곳 어디에서나 드러났다. 토크빌이 보기에는 이것이 전 세계 정치의 미래에 다름 아니었다.

토크빌에 따르면 생활 상태의 평준화는 상속법과 같이 매우 눈에 띄지 않는 제도를 통해 이루어져갈 수 있다. 하지만 가장 중요한 요소는 여론이다. 18세기의 계몽주의자들은 공론이 치유와 해방의 효능을 가진다고 판단했다. 하지만 토크빌은 민주적 상황 속에서 공론이 새로운 전제군주로 자라난다고 보았다. 토크빌은 어떤 정치 질서보다도 민주주의가 전제의 위험에 노출되어 있다고 주장했으며 "다수의 폭정tyrannie de majorité"에서 새로운 전제군주를 발견했다. "평등은 사람들을 공동의 유대로 결속시키지 않은 채 나란히 세운다"(*Über die Demokratie in Amerika* Bd. II, 118). 유대가 없으면 개인은 정치, 언론, 법정, 여론에서 다수의 지배에 무방비 상태가 되며 다수 지배로부터 나오는 순응 압력에 노출된다. 이처럼 토크빌은《페더럴리스트》10호의 제임스 매디슨과 완전히 다른 견해에 도달했다. 국가 규모와 연방 구조는 다수의 지배를 막지 못한다는 것이다. 이는 토크빌의 분석이 잭슨 혁명Jacksonian Revolution을 배경으로 이뤄졌다는 점에서 명백해진다. 잭슨 혁명은 1828년 앤드류 잭슨의 대통령 선출로 시작되었다. 그의 선출과 함께 당시의 배후지 출신이었던 민주당은 소위 엽관제를 도입했다. 말하자면 정부 수장이 바뀌면서 행정 기구를 교체하고 당에 우호적인 인사들이 모든 중요한 직위를 연이어 차지하는 것이다.

토크빌에 따르면 민주화된 사회에서는 민주적으로

정당화되어 개인이 이의를 거의 제기할 수 없는 법률과 규칙이 증가한다. 토크빌이 보기에 이러한 법률과 규칙의 그물망은 촘촘하여 개인에게 미약한 여지만을 허용할 뿐만 아니라 규제된 삶을 살도록 개인을 길들인다. 인민주권은 "의지를 깨지는 않지만 약하게 만들고 구부러트려 조종한다. 행동을 강요하지 않지만 끊임없이 모든 행동을 방해한다. 파괴하지는 않지만 자라지 못하게 막는다. 모든 국민을 억압하지는 않지만 괴롭히고 들볶고 활력을 뺏고 쇠약하게 하고 우둔하게 만들어 결국 소심하고 부지런한 한 무리의 짐승이 되게 한다. 그들의 목자가 정부다"(Bd. II, 343).

하지만 이 충격적인 분석은 진단이라기보다는 정치와 사회의 모든 층위에서 다수파 정권의 억압이 가능할 것이라는 예견이었다. 그리고 토크빌이 보기에 이러한 위험에 대처할 수단과 힘이 민주주의 자체로부터 주어져 이미 작동하고 있었다. 다수의 폭정으로 인해 개인들은 서로 연계할 수밖에 없게 된다. 질서 있게 협력하여 순응 압력에 더 잘 저항하기 위해 개인들은 결사체 내에서 이익공동체로 결합했다. 소규모 주거 지구와 도시 구역에서 개인들의 생활 방식과 견해는 제각각일 수 있지만 같은 생각을 하는 개인들은 거대 조직으로 결합한다. 그들은 서로의 중요성을 확인하고 자신의 이익을 실현하기 위해 정치적으로 행동하는 법을 배웠다. 토크빌은 당시 매우 성공적이었던 금주연맹을 예로 들었다(Bd. I, 287 이하; Bd. II, 126 이하). 지방의 이익 단체들은 초지역적 대중조직이 되었다. 이 대중조직은 정당과 유사하게 구성되었고 자체적으로 신문을 만들었으며 초지역적 집회를 개최하여 전국적 반향을 얻었다. 이처럼 평범한 시민들이 결합함으로써 행위능력을 가진 새로운 인격체를 이룰 수 있었다(Bd. II, 348). 다수의 사회적 결사가 평등의 부정적 잠재력에 대한 방벽을 쌓는 동시에 시민들에게 활기를 불어넣었다.

다수파 정권에 대해 대항 권력을 형성하기 위한 결사의 가능성을 토크빌은 일반적 행위 동기로 소급한다. 그의 시각에 따르면 그 행위 동기는《페더럴리스트》가 계속 반복했던 덕에 대한 고전적 요구를 대체했고 평등한 사회를 위해 결정적인 것이었다. 그것은 "바르게 이해된 자기 이익"이다. 바르게 이해된 자기 이익 또는 계몽된 자기애는 협력의 동기가 자신의 이익을 통해 주어진다는 원칙을 따른다. 평등한 사회에서는 서로 결합하여 자기 행위를 타인들의 행위와 일치시킬 때에만 자신의 목표를 달성하기 때문이다.

"바르게 이해된 자기 이익의 원리는 위대한 희생적 행동을 불러일으키지는 않지만 매일같이 작은 희생을 하도록 격려한다. 이 원리만으로는 인간을 덕으로 이끌지 못한다. 그러나 이 원리는 단정하고 절제하며 원만하고 사려 깊으며 자제하는 많은 시민을 양성한다. 그리고 비록 시민을 직접 덕으로 향하게 하는 것은 아니지만 익숙해짐에 의해 덕에 가까이 다가가도록 이끈다"(Bd. II, 140).

사적 이익 단체에서 국가의 정책에 이르기까지 사회의 모든 수준에서 개인의 행동은 바르게 이해된 자기이익에 의해 각인된다. 토크빌은 이 행동 원칙이 내면화되어 있어서 자신의 구체적 이익이 실제로 무엇인지 개인이 분명히 알지 못할 때도 나타난다고 말한다. 따라서 중요한 것은 선택의 결정이 아니라 몽테스키외적 의미에서 습관이나 관습이다.

토크빌에 따르면 결사는 기원(자연적 결사와 인위적 결사)과 목표 설정(사적, 시민적, 도덕적, 정치적 목표)에 따라 서로 구별된다. 자연적 결사는 지방 생활 세계, 공동체(학교, 종교)에 속한다. 여기서는 단순한 지역적 인접성이 우선적인 이익 추구를 통하여 사람들의 결합을 창출한다. 이와 반대로 인위적 결사는 정당과 이익 단체다. 이들은 구체적 목표를 추구하고 정기적으로 집결한다. 전국 수준에서 조직화되기도 하며 자체 출판 기구를 가지고 있고 정치적 압력을 행사할 수 있다. 사회에 대해 큰 의미가 없는 공동의 기호만을 추구하는 결사를 토크빌은 "사적 결사associations privées"(Bd. II, 234 이하)라고 부른다. 사회적 목표(교육, 종교)를 추구하면 이를 "시민 결사associations civiles"(Bd. II, 123)나 "도덕 결사associations intellectuelle et morales"(Bd. II, 127 이하)라고 한다. 정치적 목표를 추구한다면 "정치 결사associations politiques"(Bd. I, 216 이하)이고 여기에는 정당이 포함된다.

결사를 통해 시민은 자기 조직의 정치 문제에 친숙해진다. 많은 결사는 예컨대 대의 기구(선거, 전국 집회)를 구성함으로써 유사 국가적 또는 비밀 국가적 형태를 취한다. 그리고 공론과 관계하며(언론 활동과 캠페인) 정치 투쟁(정치와 공론에서 다수 획득)을 수행한다.

결사를 통해 시민은 개인적으로 자유와 자기 조직을 경험한다. 이론이나 이데올로기가 아닌 자유와 생산적으로 관계한다는 의미에서의 경험, 그것만이 실제로 적용된 자유의 전제와 한계에 대한 통찰을 매개하여 무정부적 폐해를 방지한다(Bd. I, 222). 토크빌은 여기서 유럽과 미국의 본질적 차이를 인식한다. 유럽에서는 정당이 군대와 같아서 그 성원들은 병사처럼 복종하며 자신의 판단을 포기한다. 이와 반대로 미국에서 그 성원들은 독립적이며 다양한 방식으로 동일한 목표를 성취하기 위해 노력한다. 그들은 자유로우며 그들에게 유익해 보일 때만 당 지도부에 복종한다(Bd. I, 224). 여기서 알 수 있는 것은 토크빌이 사회의 민주화에서 자유에 대한 위험만이 아니라 자유를 위한 기회 역시 인식했다는 점이다. 동시에 토크빌은 민주화가 국가 통치 방식과 관계되기보다는 시민들의 행동 속에서 정립되는 어떤 것이라는 점을 명확히 했다.

자유와 민주주의

토크빌이 역사적, 사회학적으로 작업했던 반면 존 스튜어트 밀(1806~1873)은 철학자이자 논리학자, 경제학자였다. 토크빌이 바르게 이해된 자기 이익에서 극찬하고 협력의 영역에서 연구했던 '효용'이 밀에게는 전체

사회 수준에서 이익을 측정하기 위한 개념이었다. 밀은 공리주의 철학에서 이 개념을 처음 접했다. 그의 아버지 제임스는 공리주의의 창시자인 친구 제레미 벤담과 함께 존 스튜어트 밀을 완벽한 공리주의자로 만들고자 했다. 존 스튜어트 밀은 교육실험의 희생자가 되었다. 밀은 1826년 신경쇠약에 걸리고 나서야 그 실험으로부터 중간에 벗어날 수 있었다. 밀은 동인도회사에서 근무한 덕분에 경제적으로 독립하고 하원에서 자리를 얻을 수 있었다. 처음에 밀은 학술 이론(《논리학 체계A System of Logic》, 1843)과 경제학(《정치경제학 원리Principles of Political Economy》, 1848)에 관한 광범위한 저작으로 저술가로서 성공을 거두었다. 정치 이론가로서 가장 의미 있는 저작은 뒤에 가서야 연이어 발표되었다(《자유론》, 1859; 《대의정부론》, 1861; 《공리주의》, 1863).

밀은 토크빌의 미국 관련 저술들을 논평하며 특히 다수의 폭정 이론을 강조했지만 결사 이론은 무시했다. 이 시점에서 밀은 합리적 민주주의에 관해 언급했다(*Tocqueville on Democracy* I, 71). 이것이 의미하는 바는 인민에 의한 정부가 아니라 인민이 최선의 정부를 유지한다는 보증이다. 밀은 민주주의에 회의적인 태도를 보였다. 예컨대 1832년의 영국 의회 개혁에 관한 토론에서 밀은 선거법의 무제한적 민주화를 옹호하지 않았다.

하지만 밀의 입장은 조지 그로트의 연구에 감명받아 바뀌게 되었다. 고대사가 그로트는 여러 권으로 이루어진 그의 《그리스사History of Greece》에서 아테나이 민주주의 제도의 장단점을 검토했다. 그리고 인민의 직접민주주의적 참여(악명 높은 인민 법정 포함)가 인민들의 실천적 정치 교육과 정치적 카스트 형성의 방지에 기여한다는 장점을 인식했다.

밀은 그로트의 책에 대한 서평(《에든버러 리뷰Edinburgh Review》, 1853)에서 아테나이 민주주의가 (노예제를 비롯한) 모든 단점에도 불구하고 전례 없는 수준의 정치 교육을 실시했다고 강조했다. 이러한 정치 교육은 공공 프로젝트의 실행을 위하여 상당한 정치적 에너지를 방출했다. 이 사실은 노동자의 사회 통합이라는 견지에서 볼 때 밀에게 매우 큰 의미가 있었다. 토크빌이 평등 사회를 배경으로 정치의 사회적 조건을 분석했다면 밀은 계급 사회를 염두에 두었다. 정치경제학에 관한 연구에서 밀은 노동 인구가 정치에 참여하는 방법을 모색했다. 밀은 1848년 이후 프랑스에서 볼 수 있었던 혁명적 활동이나 노동조합 결사를 통한 자발적 교육을 방법에 포함했다. 여기에 성인 교육과 시사 문제 토론을 위한 포럼 창설도 덧붙여졌다.

마르크스와 마찬가지로 밀에게도 보나파르트주의는 민주주의 이념의 수용에 대해 현격한 반동을 의미했다. 나아가 밀에게는 민주주의로부터 인간의 자유에 대한 큰 위협도 나타날 수 있어 보였다. 《자유론》은 1850년대 보나파르트주의가 안겨준 충격에 대한 반응이었다. 밀은 19세기 정치적 자유주의의 기초를 놓은 빌헬름 폰 훔볼트의 국가의 한계에 관한 이론을 따랐다. 이에 따르면 문화의 의미는 폭넓은 인격 도야에 있으며 국가의 과제는 이를 지원하는 것으로 한정된다. 따라서 국가는 개인의 발전을 위한 자유를 보호하고 다채로운 환경을 허용해야 한다. 계급과 신분, 지역과 문화의 차이 역시 허용되어야 한다. 무엇보다도 개인은 다수의 사회적 폭정과 그 순응 압력으로부터 보호되어야 한다. 이를 위해 국가가 표현과 사상의 무조건적 자유를 보장하는 것이 필수적이다.

밀에 따르면 정치 체계를 통해서 가능해지는 자유의 외연은 정부와 피통치자 간의 상호 관계로부터 주어진다. 유권자가 최선의 후보자를 선출하는 데 주의를 기울이지 않았다면 정부의 결함에 대한 책임은 유권자 자신에게 있는 것이다. 정부의 우수성은 시민의 교양 수준을 높이려는 노력에서 나타난다. 미개한 인민은 최초의 진보를 위하여 전제 정권(후에 개발독재라고 불림)을 필요로 할 것이다. 정부의 자유성은 피통치자가 법에 자발적으로 순종함으로써 나타나는데, 이는 피통치자가 통치 과정을 이해하는 능력의 결과다. 통치에 대한 이해는 이론적 교육이 아니라 지방 수준에서도 얻을 수 있는 정치 참여의 경험을 통해 자라난다.

밀에 따르면 정부를 임명하고 심의하고 제어해야 하는 것은 입법부다(《대의정부론》 5장). 입법부는 여론의 중앙 무대지만 유일한 무대는 아니다. 철도와 신문의 도움으로 여론이 아테나이 민주정 시기 아고라 광장에 모였던 시민들의 존재를 대체했다는 것이다(*Tocqueville on Democracy* II, 165). 밀은 빈민 지원금 수령자와 문맹자에게는 선거권을 주어서는 안 된다고 생각했다. 전자는 투표권을 팔 가능성이 너무 크며, 후자는 공적 논쟁에 참여할 수 없기 때문이다. 다른 한편 밀은 여성의 선거권(《여성의 종속》, 1869)에 대한 가장 열렬한 옹호자였으며 이를 구현하기 위해 노력했지만 의회 투쟁에서 뜻한 바를 이루지는 못했다.

밀에 따르면 의회는 여론 형성에 참여한 일부 국민을 대표해야 하며 이를 위해 비례대표제에 따라 선출되어야 한다. 이를 위해 밀은 토머스 헤어의 비례대표제 선거법안(《대의제 선거론Treatise on the Election of Representatives》, 1859)[정치철학자 토머스 헤어가 고안한 이양식 투표제를 말함-옮긴이]을 받아들였다. 밀에 따르면 비례대표제는 국민 모두를 대표할 수 있게 해준다. 이로써 소수자들도 대표될 수 있는데 여기에는 지식인들도 포함된다. 이들은 다수대표제하에서 그리고 수많은 유권자 대중에게서 선출되기 마련인 "집단적 범용"에 대해 균형추를 이룬다. 밀은 심지어 지식인들에게 복수투표권을 부여하자고 제안했다. 이는 미국이 보여준 선례에 대한 반응이었다. 미국에서는 지식인들이 다수의 압력에 노출되지 않기 위해 의원 입후보를 꺼리는 현상이 관찰된다고 밀은 오인했다(《대의정부론》 7장).

밀에 따르면 의회는 정치적 여론 형성의 중심이 되어야 한다. 모든 공론과 이익집단의 여론이 정부 활동에 구애받지 않고 의회로 흘러들어와 공적 토론을 통해 전체 의견으로 바뀌어야 한다. 개인의 표현의 자유에서부터 의회에서의 의견 교환에 이르기까지 입법과 공론의 상시적 교류를 통해 입법의 질을 보장하기 위해 밀은 노력했다. 공적 참여는 계급으로 쪼개진 다원 사회의 통합을 다시 보증한다. 이렇게 해서 밀은 의회 민주주의의 열렬한 옹호자 중 하나가 되었다. 다만 그는 민주주의를 무차별적 평등주의로 이해하지 않았다. 이에 반해 토크빌은 정부 체계와 법체계의 쪽에서 시민의 자기 조직을 민주주의 개념에 받아들였다. 토크빌이 기술한 결사 제도는 오늘날 토크빌의 이름을 원용하는 가운데 총괄적으로 '시민사회'라 불린다. 토크빌은 여기에 지방자치 행정과 정당 제도도 포함했다.

9. 막스 베버와 존 듀이
현실주의와 이상주의 사이의 민주주의 이념

제1차 세계대전은 민주주의의 승리로 끝났다. 당시 세계 최대의 민주주의 국가인 미국의 역할이 결정적이었다. 그뿐 아니라 영국, 이탈리아, 독일 같은 나라들이 선거권 확대를 통해 자체적으로 민주주의 국가가 되었다. 다만 여성은 선거권을 획득하는 데 좀더 시간이 걸렸다(미국은 1920년, 프랑스는 1944년에 여성의 선거권을 인정했다). 민주화는 정치 이론에 새로운 문제들을 제기했다. 그것은 의사 형성과 정당성에 있어서 직접민주주의와 대의제의 경쟁 문제, 거대하게 자라나고 있는 행정의 정치에 대한 관계 문제, 이질적으로 구성된 동시에 루소의 말과 같이 모든 짐 중 가장 무거운 자유라는 짐을 짊어진 국민의 국내 정치적 유대 문제 등이었다.

실용주의학파 출신의 미국 민주주의 이론가 존 듀이(1859~1952)와 신칸트학파 출신의 사회학자이자 정치 이론가였던 막스 베버(1864~1920)는 같은 세대에 속했다. 그러나 그들은 서로 다른 2가지 접근법을 대표했는데 그 접근법들을 정치사상의 이상주의와 현실주의라고 개괄적으로 부를 수 있을 것이다. 베버는 대륙적, 유럽적 국가 전통에 속했지만 듀이는 반대로 영미식 자치 전통에 속했다. 듀이는 동시대의 모든 비판에 대해 민주주의 개념을 열렬히 방어했으며 인간이 경험과 교육을 통해 민주 시민의 역할에 적응할 수 있다고 확신했다. 이에 반해 베버는 모든 정치를 권력의 관점에서 정의하고 민주주의에서 가치 있는 것과 무가치한 것을 도출해냈다. 베버와 듀이는 이처럼 이론 형성의 양극단을 대표한다.

지배와 민주주의

막스 베버는 현대 사회과학의 창시자 중 한 명이었다. 베버는 좁은 의미의 사회 문제들 외에도 경제학, 법학, 종교학, 정치학을 매우 분명히 사회과학에 포함시켰다. 베버는 종교적 지향과 경제활동 간의 관계(《프로테스탄트 윤리와 자본주의 정신》, 1904/1905)와 같은 행위 동기와 생활 방식 사이의 상호 관계에 관심을 가졌다. 특히 베버는 제1차 세계대전 동안 정치에 활발하게 참여하면서 정치의 많은 영역에 대한 연구에 더욱 몰두했다. 이 연구들에서 베버는 독일제국의 의회주의화를 더욱 예리하게 지지했다. 전쟁이 끝난 후 베버는 바이마르공화국 건설에 직접 참여했다. 베버는 헌법 초안 작성 당시 정부에 자문을 제공했다. 그는 독일민주당의 창당 발기인 중 한 명이었으며 당을 위해 선거운동에도 참여했다.

베버는 시사 문제를 체계적 수준으로 끌어올리기 위해 1917년의 저술 《독일의 선거권과 민주주의Wahlrecht und Demokratie in Deutschland》에서 그리고 역시 1917년 〈프랑크푸르터 차이퉁〉에 연재한 기고문에서 정치의 체계 문제를 논의했다. 1918년 베버는 이 연재 기고문을 《의회와 정부》라는 연구서로 발전시켰다. 가장 잘 알려진 베버의 저술은 1919년 1월의 뮌헨대학생들에 대한 강연을 정리한 《직업으로서의 정치》다.

베버에 따르면 근대 사회는 일반적으로 생활 세계의 합리적 형상의 증가와 관료제적 구조를 특징으로 한다. 정치적 견지에서 보자면 그것은 제도 국가의 관철에서 표현되며 물리적 폭력의 독점과 행정을 특징으로 한다. 그러나 이는 정치가 항상 더욱 '합리적'이고 평화적이며 예측 가능하게 되어간다는 뜻은 아니다. 베버는 관료적, 합리적 효율성이 효율의 관점에서 보자면 비합리적인 동기 및 목표와 공존한다는 데서 출발했다. 베버에게 합리성은 무조건 긍정적 의미를 지닌 개념이 아니었다. 베버는 관료행정의 모범을 따르는 생활 세계의 합리화를 위협으로 간주하고 그에 대한 전망을 "예속의 쇠우리"로 명명했다. 한편으로 관료제는 효율성을 높이고 인간 협력의 성과를 향상시킨다. 따라서 이러한 형태의 합리화는 미래에도 불가피하게 계속될 것이다. 다른 한편으로 이 같은 상황은 인간이 생활을 형성할 자유를 위축시킬 것이다. 이는 다시 사회의 관료화와 민주화 사이의 관계와 연관된다.

베버에 따르면 인구가 많은 산업 사회의 근대적 조건에서, 가령 고대 민주주의의 모범에 따른 시민의 능동적이고 적극적인 참여는 환상에 불과하다. 그 대신 베버는 "대중민주주의"를 언급했는데, 이는 정부 형태라기보다는 사회적 상태를 의미했다. 모든 정치 체계가 정치적으로 참여할 자격이 있든 없든 대중 인구의 욕구를 염두에 두어야만 한다는 것, 이것이 대중민주주의의 특징이다. 베버는 이를 수동적 민주화라고 불렀다. 자치가 아닌 정치적 지배가 대중민주주의의 특징이다. 대중은 스스로를 통치할 수 없으며 정치적 지시를 내리는 것은 언제나 소수의 행위자라는 것이다. 행위자는 수동적인 유권자 대중, 능동적인 최고 지도부 그리고 각각의 추종자들이다. 이 행위자들의 삼각형이 대중민주주의의 일부이다. 대중민주주의에서 추종자는 정당과 그 성원으로 구성된다. 대중민주주의에서 정치의 과제는 지시에 대한 추종과 복종을 찾아내는 것이다. 이것을 어떻게 이룰지를 베버는 그의 지배사회학에서 연구했다.

지배사회학을 통해 베버는 권력과 지배를 구분했다. 권력은 사람들의 의지에 반해도 자신의 주장을 관철해 낼 기회를 뜻하는 반면, 지배는 지배자의 명령이 피지배자의 복종을 받아내는 사회적 관계를 뜻한다. 정치는 권력을 둘러싼 투쟁인 동시에 권력 조직, 예를 들어 근대 국가 형태의 권력 조직이기도 하다. 근대 국가는 물리적 폭력의 독점을 성공적으로 이뤄내어 문명화된 대결을 가능하게 해준다. '지배'를 언급하는 것은 오해를 불러일으킬 수 있다. 베버는 분명 권위 역시 지배에 포함시켰다. 반면 '복종'은 둔감한 익숙함(맹종)뿐만 아니라 계산이나 확신에 근거한 자발적 복종 역시 의미한다.

지배는 항상 최소치의 "복종 의지"에 의거한다(*Wirtschaft und Gesellschaft*, 1980, 122). 지배의 가장 중요한 특징은 명령의 올바름, 즉 '정당성'에 대한 복종하는 자들의 믿음이다.

베버는 정당성의 3가지 이념형을 거론했다. 이 이념형들은 직관적이고 선명한 이해를 위해 나누어진 것이지만 실제로는 "순수한 형태"로 나타나지 않고 뒤섞여서 나타날 뿐이다. 1) 전통적 지배가 있다. 전통적 지배는 "풍속"을 지키기 위해 "오래된 효력과 관습적 태도"에 근거한다. 존경받는 왕조의 지배가 그 예다. 2) "비일상적인 개인적 은총", 즉 카리스마에 기초하는 권위가 있다. 이는 피지배자들에게 영웅 또는 계시로 비친다. 그리고 연설 능력에 기초하는 선동 정치가 여기에 속한다. 이 경우 권위는 상속되거나 규정을 통해 부여되지 않으며 지배자 개인에 근거한다. 3) "합법적 규정의 효력에 대한 믿음을 통한" 지배, 즉 정당성이 있다. 여기서는 객관적 능력이 카리스마를 대신한다. 그리고 복종은 근대의 "공무원"이 알고 있는 것처럼 "규정에 따른 의무의 이행"이다.

게다가 베버는 1917년, 시민의 정치적 자치에 의거하며 지배자와 피지배자의 정기적 교체가 특징인 도시 의회의 정당성에 관한 사유를 논구했다. 하지만 베버는 이 같은 정당성은 역사적으로 도시국가의 생활 세계에서만 가능했다고 보았다(*Wirtschaft und Gesellschaft*, 2005, 732~756). 도시는 이질적으로 구성된 많은 수의 인구를 가진 대중민주주의를 이해하기에 적합한 모델이 아니었다.

베버의 지배사회학에서 가장 많이 논의된 측면은 카리스마적 지배다. 이 유형은 다른 방식으로는 온전히 납득하기 어려운 아돌프 히틀러 같은 인물의 지배를 이해하는 데 참조되었다. 하지만 베버 자신이 직접 예로 든 인물들은 그의 의도가 좀더 폭넓게 구상된 것이었음을 보여준다. 아테나이 민주주의의 선동적 연설가(페리클레스)나 고대 이스라엘 예루살렘의 예언자(특히 나사렛 예수), 성공한 사령관(제1차 세계대전에서 성과를 거둔 파울 폰 힌덴부르크) 등이 카리스마적 유형의 지배자다. 특히 레닌과 같은 혁명가가 이런 유형의 지배자일 수 있다. 이 유형의 주요한 특징은 카리스마의 담지자에 대한 피지배자들의 헌신이다. 이 헌신을 통해서만 은총 자체에 관계하게 된다고 추종자들은 믿는다. 따라서 추종자들은 행정 인력이라기보다는 제자와 같다. 그러나 추종자들의 헌신은 카리스마적 지배자의 헌신에 대한 반응일 뿐이다. 즉 그가 의무라고 느낀 일에 헌신하는 것에 대한 반응인 것이다. 카리스마적 지배자는 폭군처럼 자의적으로 지배하지 않는다. 그는 자신이 위임을 받아 행동한다는 인상을 준다. 헌신은 자기 자신의 희생으로까지 확장되는 정치적 행위를 가능하게 한다. 카리스마만큼 전통이나 관습의 힘, 심지어 행정의 절차적 관행까지 돌파할 수 있는 정치 유형은 없다. 이 때문에 베버는 이를 근대의 거대한 혁명적 힘이라고 불렀다(*Wirtschaft und Gesellschaft*, 1980, 142~143).

카리스마의 예외적 위치를 위협하는 것은 지배의 일상화이다. 카리스마는 카리스마적 지배자의 생전에 이미 바래지며, 늦어도 그의 죽음과 함께 후계자 문제로 지배는 붕괴 위기에 빠진다. 합법적 지배는 개별 인물들을 포기할 수 있다. 이들은 대체가 가능하기 때문이다. 하지만 카리스마는 비일상적 인격에 의존하므로 불안정하다.

대중민주주의에서 유권자의 정치 참여는 대중의 신뢰를 받는 지도자의 선출로 제한된다. 따라서 민주주의에서 카리스마는 특히 의미심장하다. 베버에게서 민주적 정당함은 인민주권과 무관하다. 그것은 카리스마를 "지배 외적"으로 재해석한 결과다(*Wirtschaft und Gesellschaft*, 1980, 156). 은총을 받은 주인은 자유롭게 선출된 지도자가 되고 은총의 선사는 선거 행위가 되어 선거의 승자에게 합법적 지배의 냉정한 권한 이상의 것을 부여한다.

베버는 민주적 지도자 선출의 선동 정치적 위험을 우려했다. 대중에 대한 감정적 호소가 정치의 객관적 측면을 가릴 수 있기 때문이다. 한편 베버는 정치의 순수한 객관화도 우려했다. 정치가 단순히 대중 행정의 대상이 될지도 모른다는 의미에서 말이다. 베버는 지도자에 반대하지 않았다. 심지어 그는 관료제로 대표되는 "예속의 쇠우리"에 대해 이념적으로 추동된 정치를 대치시킬 유일한 기회를 지도자에게서 보았다. 지도자를 선택할 때 민주적 유권자들은 이 인물들과 결합된 이념도 선택하기 때문이다.

베버는 "정치를 위해 사는" 정치인과 "정치로 사는" 정치인을 구분했다. 사실 근대 정치는 관료화와 행정 업무 수행을 전제로 하기 때문에 특히 정당 조직에서 전문적으로 접근해야 한다. 그러나 '지도'를 수행하는 것은 정치를 '위해' 사는 정치인뿐이다. 정당 간부나 정부 부처 관료들은 쇠우리의 존재로 존속하기 때문에 그 쇠우리를 유지하는 데 관심을 가질 것이다. 기구들이 전문적으로 지지하는 이념은 그 내부에서 비롯되는 게 아니라 전달될 것이다. 이념을 실현하기 위해 정치적으로 활동하고 다른 사람들을 설득할 수 있는 인물들이 '지도자'다.

베버에 따르면 정치를 위해 살려면 열정, 책임감, 균형 감각이라는 3가지 자질이 필요하다. 3가지 측면은 서로 영향을 주고받는다. 열정과 균형 감각은 경쟁하듯 대치하며, 이 둘을 조절하는 자질이 책임감이라고 베버는 보았다. 균형 감각이란 "내적인 평정과 안정으로 현실을 거리를 두고 바라볼 수 있는 역량"이다(*Politische Schriften*, 546). 열정적으로 관여한다고 느끼는 지식인은 정치적 책임을 지기를 꺼린다. 열정적 정치인이 헌신적으로 진력하며 책임질 준비가 되어 있는 일에 기구의 냉정한 관리자는 내적 의무감을 갖지 않는다. 베버는 정치인이 내적 소명에 헌신하고자 하는 일의 내용과 관련하여 차이를 두지 않았다. 평화든 국익이든, 혁명이든 영혼의 구원이든 간에 말이다.

베버는 관료제의 장점들, 즉 효율적 합리주의, 업무 처리 과정의 객관성, 대중과 국가 서비스에 대한 대중의 수요 증가를 관리하는 능력을 정치적 지도와 결합하고자 했다. 이를 위한 장소는 의회라고 베버는 확신했다. 의회는 특별히 탁월한 정치 지도자들, 예컨대 심도 있는 구조적 개혁을 이끌어낼 수 있는 지도자나 제1차 세계대전 후 독일의 경우처럼 패전의 결과를 짊어지며 실의에 빠진 궁핍한 대중을 정치 질서에 묶어놓을 수 있는 지도자들에게 열려 있어야 한다. 동시에 의회정치는 카리스마적 지도자로는 대체할 수 없는 성취를 제공한다. 즉 의회는 다양한 종파, 사회계층, 정치 이데올로기 사이에서 불가피하지만 너무나 어려운 타협을 이끌어낸다(*Politische Schriften*, 287). 나아가 의회는 정치 지도자의 승계가 마찰 없이 이루어지게 해준다. 동시에 카리스마적 지도자에 대해서도 지켜내야만 하는 "시민적 질서의 국법적 보장"(401)을 보존한다. 무엇보다도 의회는 분업 모델을 가지고서 행정 자체를 통제할 수 있다.

베버는 인민주권이나 민중 해방으로서의 민주주의라는 관념적 약속에 현혹되지 않는 현실주의적 민주주의 이론을 창시했다. 하지만 그는 이념적으로 추동된 정치의 실제 의미를 측정하고 그것을 냉소적으로 무시하지 않기에 충분할 만큼의 현실주의자이기도 했다. 실현할 수 있는 것을 달성하는 일은 때로는 달성할 수 없는 것을 위해 분투하기 때문에 가능한 것이다(560).

생활양식으로서의 민주주의

존 듀이는 당대 실용주의를 대표하는 인물로 행위를 통해 얻은 인식에 큰 의미를 부여했다. 정치적으로 듀이는 진보주의 운동에 속했다. 진보주의 운동은 사회의 생활 조건을 개선하려 했고 이를 위해 강력한 입법적 개입을 요구했다. 듀이에게 정부 형태로서의 민주주의는 부차적인 것이었다. 그에게는 하나의 윤리가 자라나는 생활양식으로서의 민주주의가 우선이었다. 듀이는 이미 1888년《민주주의 윤리The Ethics of Democracy》에서 이 같은 견해를 주장했다. 생활양식으로서 민주주의의 강점은 건전한 상식을 가지고 스스로 문제 해결을 모색하는 보통 사람을 부각시키는 데 있다. 따라서 듀이는 후에 민주주의를 옹호했고 전체주의 체제의 이데올로기적 교조주의에 맞서 민주주의의 개방성을 옹호했다 《민주주의에 대한 신념Faith in Democracy》, 1934).

미국에서 듀이의 낙관주의는 결코 대표적 사상이 아니었다. 듀이는 미국 사회학과 정치학에서 가중되고 있던 현실주의적 전환과 마주했다. 이 전환은 제1차 세계 대전의 경험으로 야기되었다. 지상 최대의 민주주의 국가는 전쟁을 종결지었고 윌슨 대통령이 전쟁 목표로 내세운 대로 민주주의를 위해 세계를 더 안정되게 만들었다. 그러나 전쟁은 회의를 자아내게 하는 민주주의의 단면들도 보여주었다. 전쟁의 선전 기술로 인해 월터 리프먼(1889~1974)은 정치적 소통 연구에 착수하게 되었다. 리프먼은 1922년에 출간한 《여론》에서 민주주의 이론이 공론 형성의 현대적 가능성과 마주하여 시민의 독립적 판단력의 의미를 과대평가해왔다는 결론을 내렸다. 사람들은 줄곧 "고정관념"을 통해 그들의 세계를 인지하고 판단한다. 그렇기 때문에 정치인은 이 상황을 인식하고 공론 메커니즘을 이용하는 가운데 실재하는 다양성을 "예 또는 아니오"라는 이진법적 질문으로 환원할 수 있었다(《여론》 14장). 1925년 리프먼은 민주주의를 정당화해주는 위대한 힘인 여론을 "환상"이라고 선언했다. 사람들이 공론과 무관하게 독립적이고 신뢰할 만한 의견들을 표명하고 이 의견들이 후에 다수를 이루어 일반의지를 형성하는 것이 아니다. 사람들은 이미 만들어진 의견과 하나가 된다(동화). 즉 사람들은 이미 만들어진 제안에 동의 또는 거부로 반응한다(《환상의 대중》 4장). 공론은 의사 결정권자의 견해의 타당성만 확인할 수 있다. 내용의 문제는 전문가에게 맡겨야 한다.

존 듀이는 1927년 《공공성과 그 문제들》에서 리프먼의 주장에 응답했다. 듀이는 전능한 개인이라는 잘못된 표상에 대한 리프먼의 비판에 동의했다(136). 그러한 가정은 실로 가능해 보이고 단순한 희망 이상이라 하더라도 근대적 생활 조건과 정치 구조하에서 불가능한 것이다. 그러나 민주주의의 결함에 대한 듀이의 답변은 더 적은 민주주의도, 전문가 정치나 전제적 요소의 수용도 아닌 더 많은 민주주의로 향했다.

듀이는 민주주의의 부동의 목표 규범으로서 자유, 평등, 박애와 같이 관념적으로 구성된 원칙들을 거부한다(129 이하). 이 원칙들은 실제 공동체 생활과 분리된 "희망 없는 추상"에 불과했다. 자유는 공동체 생활에서만 가능해지는 인간 잠재력의 개화다. 평등은 공동체 안의 개인 역량과 욕구에 기준해야만 올바르게 측정된다. 그리고 박애는 공동체성 안에서 생성되는 선善에 대한 가치 평가와 다르지 않다. 이 원칙들의 현실화를 위한 추상적 척도는 존재하지 않는다.

보편적 선거권, 정기 선거, 다수결 원칙 및 입법부와 행정부의 제도적 구축과 같은 원칙들조차도 듀이에게는 "신성불가침"이 아니다. 이러한 원칙들은 특정 과제를 해결하기 위해 고안되었으며 과제의 변화와 함께 다시 그 형태를 바꿀 수 있는 것이다(3장). 예컨대 상황을 무시하고 맹목적으로 다수결 원칙을 고수하는 것은 "미망"이다(6장).

민주주의의 정수는 공동체 생활이다. 이상적으로는 모두가 공유하는 선이 공동체이며, 모두가 공동체를 유지하고 발전시키기 위해 노력을 기울인다. 이 이상은 그 순수한 형태로는 달성되지 않는 동시에 실제 현실에서는 항상 다양한 형태로 존재한다. 이러한 공동체 개념은 균질적이라고 여겨지는 고대적 사회에 의거하는 것이 아니라 높은 이동성, 산업화, 공론과 같은 근대의 특정한 발전을 전제로 한다.

듀이는 '하나'의 공론이나 '하나'의 공적 공간이 존재한다고 가정하지 않는다. '그' 공적 관심 또는 그 공익의 내용과 한계에 관한 명확한 진술이 존재하기보다 오히려 너무나 많은 공론, 너무나 많은 공적 관심의 대상이 존재한다는 것이다. 공론은 줄곧 공동체가 아니라 조직과 정치 질서를 겨냥해왔다. 공론의 의미는 단순히 의견 교환이 아니라 공동행위를 준비하는 데 있다. 그리고 그것은 정치적 질서 없이는 상상할 수 없다. 물론 유권자도 공무원과 마찬가지로 정부의 일부이며, 양자 모두 자신의 개인적 관심을 일반적 관심과 조화시켜야 한다는 동일한 갈등에 직면해 있다. 물론 공론의 의미는 커졌으며 공론에의 참여도 증가했다. 이는 방향 상실과 혼란으로, 또한 손쉬운 조작 가능성으로 이어졌다. 표현의 자유는 필수 불가결하지만 그것이 공론, (국가) 조직, (사회적) 결사 간의 협력을 보증하는 것은 아니다.

듀이는 교육과 경험을 통해 공동체와 정치 질서의 대립이라는 근본적 문제를 완화하고자 했다. 더 적은 민주주의가 아니라 더 많은 민주주의적 실천이 사람들을 공동체의 책임 있는 구성원으로 교육시킨다는 것이다. 따라서 다원적 대중민주주의, 위대한 사회로부터 위대한 공동체, 진정한 민주주의를 만드는 것은 결코 끝나지 않을 영원한 과제로 남을 것이다.

언뜻 보기에 베버의 입장은 민주주의가 과대평가되

었고 또 위험하다고 간주한 대륙적, 유럽적 사고방식의 전형으로 보일 수 있다. 반면 민주주의에 대한 듀이의 긍정적 태도는 미국의 고유한 체계의 특징으로서 민주주의의 미국적 경험을 대표한다고 생각할 수 있을 것이다. 그러나 두 사람은 근대 민주주의의 주요 문제들을 거론했다. 즉 그들은 대중민주주의 참여자의 엄청난 수, 중재되어야만 하는 다수의 이질적인 관심들 그리고 계몽주의자들이 기대했던 방식으로 근대 정치에 참여하겠다는 개인들의 과도한 요구에 대해 논의했다. 국가와 공론, 사회적 자기 조직은 불완전한 해결책이다. 여기서 베버는 정당 형태의 특히 정치적인 자기 조직에 더 큰 기대를 걸었다. 듀이는 정치를 사람들이 결합하는 하나의 양식으로 보았다. 하지만 베버도 듀이도 국가 또는 공론의 문제 해결 능력을 과대평가하지 않았다.

10. 카를 슈미트와 막스 호르크하이머
전체주의 정권 시대의 정치적 사유

전간기와 전체주의 정권, 특히 민족사회주의의 부상은 정치적 지향을 잃어버린 시대로 이어졌다. 민주주의의 실천은 민주주의 정치의 질적 성과와 관련하여 그 지지자들에게서조차 혼란을 야기했다. 이와 동시에 볼셰비즘과 같은 정치 이데올로기, 이탈리아 파시즘과 같은 첨예한 형태의 민족주의, 민족사회주와 같은 인종주의적 세계관 등이 단기간에 득세하여 국민에게 받아들여지기 위해 경쟁했다. 사회의 정치적 조정 가능성을 되찾고자 하는 열망은 놀랄 만한 개념적, 이론적 조합으로 이어졌다. 다른 한편 인간의 자기 통치 가능성과 관련하여 숙명론이 만연했다.

결단의 정치

카를 슈미트(1888~1985)는 법학자였으며 독일제국 시기에 사회화를 경험했다. 바이마르공화국 시기에 그는 지도적 정치 이론가로 활동하며 많은 논란을 불러일으켰다. 독일 법학은 주로 정치와 법질서의 중심인 국가를 대상으로 했으며 그 결정적 장르는 '국가론'이었다. 슈미트에게 국가는 인간 문명의 정점이었다. 하지만 슈미트는 국가가 여전히 이 지위를 차지하고 있는지 줄곧 의심했다. 처음에는 제1차 세계대전이 국가의 우위를 확인해주는 듯 보였다. 국제화를 향한 모든 노력, 예컨대 노동자들의 노력에도 불구하고 국민국가에 대한 충성심이 관철되었던 것이다. 그러나 슈미트는 국가가 쇠락하고 있다고 보았다. 민주화로 인해 국제적 지향의 정당 정치 행위자들이 정부에 부분적으로 침투하게 되었다. 슈미트는 모든 사회 세력이 국가적 의사 형성 과정에 포함되면(다원주의) 국가가 해체될 수 있다고 우려했다. 국가가 위계 기구를 가지고 구현한 정치적 통일이 상실될 위험에 처했다는 것이다.

정치적 통일이 존재했는지 그리고 존재했다면 어떻게 존재했는지를 명확히 알려면 국가의 형식적 윤곽을 살펴보는 것으로는 부족하다. 그래서 슈미트는 국가 개념이 정치적인 것의 개념을 전제로 한다고 주장했다. 여기서 정치적인 것은 친구와 적을 구별하는 결단이 내려지는 곳에 있다(《정치적인 것의 개념》, 1932). 적이란 정치 과정에서의 반대자가 아니라 실존적 타자를 뜻한다. 슈미트에 따르면 이 결단의 내용은 변할 수 있다. 계급의 적인지, 민족의 적인지, 인종이나 문화적 측면에서 이질성과 동질성의 특정 형태인지에 따라서 다양해진다. 다만 유일한 결정적 요소는 그러한 결단을 내릴 수 있는 능력이며 이는 적어도 잠재적으로나마 적을 섬멸하려는 단호함과 결합되어야만 한다. 슈미트는 이를 일컬어 실존적 결단이라고 칭했다. 실존적 결단을 내릴 수 있다면 주민은 임의의 인간 집단이 아니라 정치적으로 실존하는 민족이다(*Begriff des Politischen*, 51). 그렇게 하지 못한다면 그들은 이 결단을 타자들에게 넘기는 것이다. 그리고 그들은 피보호자 또는 식민지 민족이지 정치적 민족이 아니다.

슈미트의 이론은 전쟁에 패하고 국제법적으로 전쟁 책임을 떠맡게 된 독일이 베르사유 협상 과정에서 만들어진 국제연맹의 힘에 의해 영구히 억압받을 것이라는 두려움을 배경으로 한다. 이러한 정치 이념적 상황에서 슈미트는 누가 본래 누구에게 효력을 지닌 규범을 부여할 수 있는가라는 근본적 문제를 해명해야 했다. 국가 민족, 국가 권력, 국가 영토를 합일시킨 고전적 국가성의 틀은 이에 대해 명확히 진술해줄 수 있었다. 하지만 제1차 세계대전의 승전국들에 의한 독일 국가적 특질의 상대화와 중앙 및 동유럽의 옛 다민족국가들의 영토에서 신생 국가들이 동시에 출현한 과정을 마주하며 이 국가 개념의 자명성은 상실되었다고 슈미트는 보았다.

이러한 상황에서 슈미트는 국가성을 해체하는 것이 아니라 국가성을 회복시키기 위해 민주주의 개념을 다시 정의하는 데 노력을 기울였다. 이를 위해 슈미트는 자유주의와 민주주의 사상을 서로 분리했다《현대 의회주의의 정신사적 상황》, 1926). 슈미트가 보기에 자유주의는 인권을 무차별적으로 요구하고 모든 이데올로기와 종교를 다원적으로 인정하며 국가 해체를 향해 달려가고 있었다. 슈미트는 반대로 모든 정치 질서는 자신과 구별되는 외부를 가져야 한다고 강하게 주장했다. 보편주의적 법질서를 위해 이를 포기한다면 민족을 행정의 대상으로 전락시키고 그들에게서 스스로 운명을 결정할 가능성을 앗아가는 것이다. 슈미트가 보기에 정치적 경계가 평준화되면 기껏해야 그로부터 이익을 얻는 사회 세력들이 기회를 포착하기 용이해질 뿐이며, 그 이익은 주로 경제적 이익이다. 그와 반대로 슈미트는 민족의 자기 결정으로서 이해되는 정치적인 것의 우위를 주장했다.

슈미트에 따르면 민주주의에서 실존적 결단은 평등의 기준을 확정하는 것을 의미한다. 슈미트는 '시민적' 또는 '자유주의적' 평등 개념을 '민주적' 평등 개념과 대조했다. 전자는 모든 개인이 어느 민족에 속하건 간에 평등하다는 개인주의적이고 인도주의적인 삶의 관점에서 평등을 생각한다(*Die geisesgeschichtliche Lage des heutigen Parliamentarismus*, 18). 슈미트에 따르면 평등에 대한 이 같은 이해로는 정치적 결단을 내릴 수 없다. 《헌법학Verfassungslehre》에서 슈미트는 다음과 같이 말했다. "모든 인간이 자연적으로 공히 평등하다는 것 이외에 다른 내용이 없는 평등은 비정치적 평등일 것이다. 거기에는 가능한 불평등의 상관관계가 결여되어 있기 때문이다. 모든 평등은 가능한 불평등과의 상관관계를 통해 그 의미와 의의를 얻는다"(227).

정치적 개념은 일반적으로 구별 가능성을 특징으로 한다. 민주주의가 이러한 의미의 정치적 개념인 한, 민주주의는 "모든 인간의" 평등한 "무차별"이 아니라 "특정 민족에의 소속"에만 기초할 수 있다(227). 따라서 슈미트는 '법의 평등'에 대한 관습적 요구를 다음과 같이 재해석했다. 민주주의에서 법의 평등은 모든 사람에게 무차별적으로 적용되는 것이 아니라 민족의 시민들에게만 적용된다.

그 시기에 민족이라는 이념이 민주주의의 실체로서 확실히 자리 잡았다고 슈미트는 보았다. 하지만 그는 민주주의 사상이 이탈리아 파시즘과 러시아 볼셰비즘과 가깝다고 오인했다. 그리하여 이탈리아와 러시아에서는 민족의 소속 문제에 관해 선명한 진술이 이루어진다고 슈미트는 판단했다. 그러나 슈미트는 독일인이 그렇듯이 애초부터 서로 다른 종파와 소수 민족으로 구성된 이질적 국민이 어떻게 법적 실체의 총합이라는 자유주의적 민족의 정의를 넘어 정치적 통일을 이룰 수 있는지 전혀 알지 못했다.

나치당이 '권력을 장악'한 후 슈미트는 '동종同種'으로서의 평등이라는 민족사회주의의 평등 개념을 수용했다. 그리고 이러한 내용의 확정이 국가에 새로운 안정성을 부여하는 동시에 새로운 권력자가 자의적으로 규범을 제정하는 것을 막을 수 있으리라 희망했다(*Staat,*

Bewegung, Volk, 42). 그러나 슈미트는 법치국가적 제도들이 공공연히 폐지됨에 따라 이제 자의가 지배하는지 법이 지배하는지에 관해 검증하는 것이 불가능해졌다는 사실을 잊었다. 레오 스트라우스가 1932년에 이미 비판한 바 있듯 슈미트는 어떤 결단을 비판해야 하고 어떤 결단을 비판하지 말아야 하는지에 대한 내용적 기준을 제시할 수 없었다. 이 때문에 그는 결국 자신이 비판한 자유주의보다 더 자유주의적인 입장을 취하게 되었다.

민족사회주의가 원하는 것은 고전적 국가성의 복구가 아니라 그 권력적 지위의 안정이라는 점을 슈미트는 재빨리 깨달아야 했다. 국가성을 위한 변호가 좌초되었기에 슈미트는 국가 개념에서 벗어나 공간 개념에 집중했다. 슈미트는 우선 "광역Großraums"이라는 개념을 실험했다. 슈미트는 이제 다음과 같이 가정했다. 국가가 더는 민족, 국권, 영토를 개념적으로 통합하지 못하여 법률 제정의 합법적 원천이 되지 못한다면, 규범이 효력을 미치는 영역의 구조가 반대로 누구를 구속력 있는 입법의 원천으로 간주할 수 있는지 말해줄 수 있다. 공간 개념은 제국주의 질서를 새롭게 사유하려는 슈미트의 시도였다(《차별적 전쟁 개념으로의 전환Die Wendung zum diskriminierenden Kriegsbegriff》, 1938). 이에 따르면 더는 공식적으로 동등하다고 인정받은 국가들이 대치하는 것이 아니라 자신들의 효력 영역에서 자신들의 법과 규범을 제정하는 제국들이 대치하는 것이다. 슈미트는 대영제국뿐만 아니라 서반구에 대한 헤게모니를 주장한 미국과 유럽 대륙에 대한 헤게모니를 주장한 민족사회주의 '제국'도 근대 제국에 포함했다. 동시대인들은 슈미트가 나치의 적나라한 권력 정책을 법 이론으로 너무나 단순하게 치장하려 한다고 비난했다(Neumann, 1942).

전쟁이 끝난 후 슈미트는 1950년에 출간한 《대지의 노모스Nomos der Erde》에서 광역 개념을 심화했다. 모든 법을 구체화하는 것은 정치적 '공간'뿐이다. 법은 인간을 그가 계발한 세계와 연결하고 거기서 그 규범적 구조를 유지한다. 삶의 형태가 주로 영토적 공간 질서에 의해 특징지어진다면 경계를 지어야 할 필요가 대두된다. 그 경계가 바다의 개방성과 관련 있다면 경계는 관념적으로 그어져야 한다. 슈미트에 따르면 이 관념적 경계가 바로 이데올로기다. 1945년 이후 슈미트는 공간 질서를 확립하려는 다양한 시도를 목격했는데, 동서 갈등과 반식민주의, "인도주의적 이데올로기"를 내세운 유엔 등이 그러한 시도에 속한다고 보았다(72).

슈미트는 인권을 날카롭게 비판했다. 인권의 보편적 지향점은 인류와 인류의 적을 구별하는 데 다다를 뿐이다. 일단 적대자를 인류의 적으로 비난하고 그 저항을 "유해 분자, 불순분자, 해적, 깡패"로 낙인찍는 데 성공하면 적대자의 권리 박탈과 비인간화를 초래할 것이다(*Der Wendung zum diskriminierenden Kriegsbegriff*, 43, 주 45). 슈미트는 여기서 다시 한번 옛 자연법적이며 근대에 와서는 "자유주의적, 개인주의적"인 사유 방식이 작용한다고 보았다. 그것은 "지상의 모든 사람을 포함하는 이상적 사회 건설"을 목표로 한다. 하지만 여기서 이 사유 방식은 세계국가의 설립이 그 전제라는 점을 숨기고 있다. 어쩔 수 없이 "공포스러운" 그 권력 집중을 슈미트는 단호히 거부했다(*Der Begriff des Politischen*, 58)

슈미트가 항상 그때그때의 정치적 필요에 따라 정치이론을 전개했다고 비판할 수 있다. 그러나 그 과정에서 슈미트는 근본 개념들의 근거에 주목하며 의문을 제기하여 다양한 방식으로 후속 연구를 유도했다. 오늘날 전문가들에 의한 세계 행정에 맞서 정치적인 것의 우위를 강조하는 곳 또는 자유주의의 헤게모니적 지위를 정치적 과정의 중단이라고 비판하는 곳에서 슈미트는 집중적으로 수용되고 있다. 이것은 우연이 아니다.

계몽의 변증법

슈미트가 헤겔의 국가주의와 연계했던 것처럼 호르크하이머는 마르크스와 연계했다. 막스 호르크하이머(1895~1973)는 1930년 프랑크푸르트 '사회연구소' 소장이 되며 폭넓은 이론적, 경험적 접근법을 결합한 연구를 시작했다. 호르크하이머는 전례 없는 학제 간 연구를 통해 '과학적 사회주의'가 되기를 원했던 마르크스의 저작들에 활기를 불어넣었고 대중의 해방을 최종 목표로 삼는 것도 잊지 않았다. 프랑크푸르트학파라 불리기도 하는 '비판 이론'학파의 중심에는 여러 학자가 있었다. 정신분석과 사회심리에 몰두한 에리히 프롬과 허버트 마르쿠제, 프롬과 함께 대중의 사회심리적 성향을 연구한 프리드리히 폴록, 법적 규제 형태와 사회구조의 상호작용을 논한 프란츠 레오폴트 노이만과 오토 키르히하이머, 예술적 창작의 사회 이론적 가치를 연구한 레오 뢰벤탈과 발터 벤야민이 프랑크푸르트학파에 속했다. 사회사의 부르주아적 시대에 살고 있다는 가정이 당시

이 학파의 공인된 전제였다. 마르크스가 주로 경제적 측면에서 정의한 것을 비판 이론에서는 문명의 관점에서 재해석했다.

호르크하이머는 철학적 근본 문제들에서 영감을 얻어 교조적 가설에 얽매이지 않고 사회적 실재를 비판적으로 분석하고자 했다. 그것은 "사회의 경제적 생활, 개인의 심리적 발달, 문화 영역의 변화 사이의 관계"에 대한 탐구였다. 여기서 호르크하이머는 과학과 종교, 예술뿐만 아니라 법, 관습, 유행, 여론, 라이프스타일, 스포츠도 문화의 일부로 간주했다("Die gegenwärtige Lage…," *Schriften* III, 32).

파시즘, 특히 민족사회주의의 권력 장악은 진보로서의 미래를 믿고 있었던 마르크스주의의 시대 지평을 흔들어놓았다. 호르크하이머는 다른 마르크스주의자들과 마찬가지로 처음에는 파시즘을 "부르주아 사회" 안의 한 발전 단계로 설명했다. 지배의 실천으로서 부르주아 사회는 "대중에 대한 물리적, 심리적 억압의 영속적 필연성"에 의거한다("Egoismus und Freiheitsbewegung," *Schriften* IV, 45). 철학이 추상적 자유 이념만을 천명하거나 문화가 "향락 산업"을 수단으로 하여 대중들 사이에

만족감을 유발한다면(54) 이 모든 것을 지배 도구로 이해해야 한다(88). 호르크하이머는 (그의 오랜 동지) 테오도르 아도르노와 마찬가지로 특히 문화에 관심을 기울였다. 두 사람은 지배 이데올로기로서 문화가 종교를 대체했다고 보았다.

파시즘의 권력 장악은 이미 하나의 수수께끼였지만 1930년대 파시즘의 상대적 안정성은 더욱 이상한 일이었다. 어떻게 그토록 원시적이고 야만적인 정권이 오랜 문명 진보의 끝에 서 있던 대중의 자발적 복종을 얻어낼 수 있는가? 호르크하이머는 이제 파시즘 분석을 근대 문명, 그 기본 특징과 발생에 대한 포괄적 분석으로 확장했다. 1944년 호르크하이머와 아도르노와의 공동 작업으로 에세이 모음집 《계몽의 변증법》이 탄생했다. 책의 제목은 이론적 토대가 된 첫 번째 에세이의 제목을 가져온 것이었다. 그에 따르면 파시즘에서 명확히 드러난 것은 결국 모든 여타 근대 사회들, 특히 "문화 산업"으로 특징지어지는 미국과도 관계 있었다. 미국은 비판 이론을 주도한 인물들 대부분이 망명한 곳이기도 했다. 계몽은 그 정반대인 야만과 무의미함으로 변해버렸다. 호르크하이머와 아도르노는 그리스신화에서 근대

반유대주의에 이르는 매우 광범위한 범위에 이러한 계몽의 발전이 처음부터 내재되어 있었다고 설명하고자 했다. 정치적 전제는 끊임없이 성장하는 자연 지배(기술)와 결합하여 이전에 예견치 못한 관료적 목적합리성의 전개를 가져온다. 그렇기에 저자들은 야만을 계속해서 진보하는 이성의 계몽적 이념에 대한 부정적 적수로 이해해서는 안 된다는 데서 출발한다. 오히려 계몽적 이념 안에서 이성에 내재된 비합리적 잠재력이 개화한다는 것이다. 계몽은 신화에서 나와 다시 신화로 돌아간다.

이것은 또한 민족사회주의에 대한 승리가 공포의 종막이 아니라는 의미이기도 하다. 호르크하이머와 아도르노는 프로이트의 연구를 바탕으로 근대적 인간이 "표면적으로 문명화되었을" 뿐이라고 평했다. 근대적 인간은 신화적 기원을 열망하기 때문에 언제 어디서든 야만으로의 회귀가 가능하다. 문명은 "합리화된 비합리성"이다(*Zur Kritik der instrumentellen Vernunft*, 95). 이 모순적 정의를 설명하고자 호르크하이머는 이성 개념을 둘로 구분한다. 호르크하이머는 이성 개념을 지배적인 목적 수단 합리성(주관적 이성)과 이성 자체의 진가를 인식하지만 이제는 억눌리고 있는 합리성(객관적 이성)으로 나누었다. 사실 이성이 사회 현실을 완전히 주재한 적은 없지만 이제 이성은 더는 그런 요구조차 하지 않고 충돌하는 이익들의 게임에 방향 설정을 맡긴다(20). 이 사유는 1947년 듀이와 실용주의에 대한 비판으로서 명확히 나타났다. 호르크하이머는 사회를 행동하는 개인의 시야에서만 관찰한다면 주체를 물화하는 것이라고 듀이를 비판했다(93). 호르크하이머는 또한 당시 정치 이론이 임의적인 내용의 이익과 선호의 계산을 위해 계몽의 이성적 요구를 포기하는 경향을 비판했다. 이 비판은 조지프 슘페터가 고안한 이른바 경제적 민주화 모델을 겨냥한 것이다. 슘페터는 1942년 출간된 《자본주의, 사회주의, 민주주의》에서 루소적 전통의 "이상주의적" 민주주의 이론을 거부했다. 그 대신 슘페터는 정치를 시장으로 이해했다. 그 시장에서 시민들은 소비자처럼 자신의 선호를 고려하여 정치 지도자들을 선택하며 그 외에는 그들에게 관여하지 않는다.

호르크하이머는 비판 이론을 기존 사회 구성과 그 정치적 타락에 대한 비판적 분석으로 이해했다. 그는 매력적인 감각으로 사회 발전의 잠재적 위험과 자기모순을 그 자체의 척도로 측정하여 인식했다. 그렇게 해서

호르크하이머는 일찍이 민주주의 선거운동의 논리를
할리우드 영화 제작자의 시선과 비교했다(*Schriften* VI,
222~224). 호르크하이머는 무분별하고 과장된 평등 요구
로 인해 사상의 자유가 위협받는다고 보았으며(이 대목
에서는 젠더 평등의 개괄적 요구를 겨냥하고 있다), 사적 영역을
"일반성의 기계"로부터의 "은신처"로 옹호했다(225). 구
속력 있는 다수의 의지가 이성의 근거들 앞에서 정당화
되어서는 안 된다. 이 다수의 의지를 갖춘 대중민주주
의가 호르크하이머에게는 공포였다(278). 민중의 이름으
로 내려지는 판결 역시 겉으로 보기에 민주적일 뿐이
다. 호르크하이머에게 법률적 판결의 맹목적 수용은 순
종적 사고방식의 표현이었다. 반대로 "판사가 자신의 전
권을 넘어서지 않도록" 감시하는 것이 공론과 모든 시
민의 과제였다(304 이하).

　그러나 호르크하이머는 이 넓은 시야의 확고한 비판
에서 건설적인 사회 정책을 위해 나올 수 있는 것이 무
엇인지에 대해 답하지 않았다. 호르크하이머는 비판 이
론이 민주주의에 실망한 청년들의 도피처가 되는 것을
거부했다. 학생운동의 시대에 호르크하이머는 수많은
학생이 부르주아 사회를 비판하고 비판 이론이 마치 신

학의 계승자라도 되는 양 새로운 천국으로 가는 길을 묻는 경향을 의심스럽게 보았다. 계몽적 성취는 바로 천국이 존재하지 않음을 보여주는 데 있다. 이러한 시각에서 호르크하이머는 일관성이 있었고 자신에게 솔직했다. 그래서 그는 실천적 지침의 제시를 명확히 거부했다. 호르크하이머는 무엇이 나쁜지는 분명히 알 수 있지만 이로부터 무엇이 좋을지는 당장 유추할 수 없다고 말했다. 그럼에도 비판 이론의 실천적 측면에 대한 조언이 필요하다고 봤을 때 인도주의 사상을 참조하라고 말하며 고통과의 연대를 정치적 윤리로서 표명했다. 그러나 동시에 호르크하이머는 인도적 정신을 부당하게 남용하지 말고 "언제 그리고 어떻게 인류를 먹이고 가르치고 돌봐야 하는지"를 판단하지 말라고 경고했다(260). 이렇게 호르크하이머는 20세기 말에 탈식민주의 문화의 시각에서 인권철학에 대한 비판으로서 구체화될 것을 앞서 말했다.

정치사상의 이행기에 정치 이론은 점점 더 복잡하고 혼란스러워지는 근대 사회를 설명하기에 적절한 접근법을 찾고 있었다. 카를 슈미트와 막스 호르크하이머는 당대 정치 이론 구성의 스펙트럼에서 서로 멀찍이 떨어져 있던 양극단을 나타낸다. 두 사람에게는 헤겔식 국가주의가 마르크스주의와 더불어 가지고 있었던 자기 확신이 없었다. 이 불안함으로 인해 인접 학문의 연구 성과를 적극적으로 수용하며 고도로 사변적인 가정을 내세우는 경향이 생겨났다. 그리고 이로부터 득을 본 것은 뒤이어 형성된 이론들이었다.

11. 현대
인권의 시대

1989년 냉전 종식 후 자유민주주의 이념은 그 정점에 도달했다. 그 개선 행렬을 인도한 것은 제2차 세계대전의 결과라기보다 전체주의 이데올로기의 체험이었다. 자유주의에 대한 비판 이론의 태도 변화는 그 승리의 징후였다. 호르크하이머가 거부한 자유주의를 하버마스는 지지했던 것이다. 하지만 현대 사상사에서 가장 큰 변곡점은 1948년 '세계인권선언'이다. 인권 이념은 오늘날 정치 이론을 규정하고 있으며 정치 이론은 인권 이념의 타당성을 전제하고 있다. 이 같은 우위는 앞에서 언급한 사상가들이 인권 이념을 거부하며 대립했거나 인권 이념이 과대평가되었다고 생각했기 때문에 더욱 놀라운 것이다. 막스 베버는 인권이라는 정치적 기획을 옹호했지만 이를 국민국가 이외의 영역에서 실현할 방법을 찾지 못했다. 존 듀이에게 인권은 입법적 수단이었지만 그의 공동체 이념에서는 외적인 것이었다. 카를 슈미트는 대단히 적대적인 자세를 취했다. 모든 보편주의를 거부한 슈미트는 인권 기획이 정치적 적수를 인류의 적으로 선포하여 범죄시하려는 위험한 시도라고 의심했다. 호르크하이머는 인도주의와 인류에 관해 언급했다. 그러나 인권을 통해 서로 권리를 요구하는 단자적인 개인의 합으로 인류를 분할하는 것은 호르크하이머가 보기에 부르주아적인 것이지 해방적인 것이 아니었다. 그만큼이나 호르크하이머는 무방비 상태의 개인에 대한 국가의 간섭에 반대했다. 그에게 인권은 해결책이 아니었다.

인권과 인권 이념은 2가지 다른 개념이다. 인권은 정치 질서에 대한 개인의 요구를 의미한다. 20세기 들어 국제사회와 세계 여론에 의해 점점 더 인정받아온 그 요구들의 중심이 되는 문서가 세계인권선언이다. 이후 수십 년 동안 원주민의 권리에서 아동의 권리에 이르기까지 국제법상 구속력을 갖춘 수많은 개별 협약이 추가되었다. 국제법적 도구로서 인권은 인권 이념에서 비롯한 것이지만 이를 완전히 구현한 것은 아니다. 인권 이

넘은 고대로 거슬러 올라가며 합리적 자연법과 계몽주의에서 활발히 논의되었고 18세기 말 미국 권리장전과 프랑스 인권선언에서 정치적으로 영향력 있는 표현을 찾아냈다(Llanque 2008, 445~460). 인권 이념은 19세기 노예제 반대 투쟁을 이끌었고 인도주의적 국제법의 발전을 이뤄냈다. 무자비한 인권침해를 막기 위한 인도적 개입 원칙을 주창했으며, 최근에는 보호 책임responsibility to protect이라는 개입 원칙을 형성해냈다.

권리들을 가질 권리

그동안 인권 이념은 확고한 지위를 얻었다. 인권이 인권 이념을 구현하는 유일하거나 가장 좋은 방법인가라는 질문은 1948년 세계인권선언이 발표된 직후 이미 제기된 바 있었다. 불과 1년 후 한나 아렌트(1906~1975)는 그에 대해 부정적 견해를 표명하고 1951년 출간된 첫 번째 중요한 저서인 《전체주의의 기원》에서 비판을 심화했다. 그에 따르면 인권은 아렌트가 인권 이념의 사회적, 정신적 고향이라고 지칭한 국민국가의 이념사적 성좌 안에 있었다. 아렌트가 보기에 세계인권선언은 인권이 정치 질서의 권위 없이도 존재할 수 있을 것 같다는 인상을 주는데, 아렌트는 이를 강력히 의심했다. 개인은 시민으로서 정치투쟁을 통해 자신의 법률적 요구를 관철할 수 있다. 그러나 국가가 없다면 무국적자나 망명자다. 이들은 정치적 구성원의 자격을 결여한 채 불가촉천민으로서, 정치적으로 볼 때 "살아있는 시체"(*Elemente und Ursprünge totaler Herrschaft*, 443)와 같은 존재로 살아가야 한다. 따라서 아렌트에게서 인권은 국적과 관계된다. 세계인권선언에도 담겨진 것이지만 인권은 다른 권리들 가운데 하나의 권리가 아니라 중심 권리, 즉 권리들을 가질 권리다. 특히 특정 대상자에게 유효하게 작용하도록 만들어진 권리들에 대한 권리다. 따라서 장래의 문제는 '인류'가 신이나 역사, 사회와 같은 예전의 정당화 원천을 계승할 수 있는가다. 아렌트의 후기 이론에서 볼 때 예전의 회의를 이렇게 요약할 수 있다(《인간의 조건》, 1960). 공동행위를 가능하게 하기 위해 사람들이 시민으로서 자유와 평등의 상태에서 서로 동등하게 만나는 "공적 공간"을 인류는 구축할 수 있을까?

아렌트의 숙고는 자신의 경험에서 비롯된 것이다. 독일 유대인으로서 아렌트는 독일에서 추방되었다. 처음에는 파리를 피난처로 삼았고 거기서 시오니스트가 되어 팔레스타인으로의 이주를 생각하다가 미국으로 이주하기로 했다. 아렌트는 특히 뉴욕에서 저널리스트로 활동하며 대학에서 학생들을 가르쳤고 마침내 미국 시민권을 취득했다. 아렌트에게 미국은 모든 현대 정치 질서의 모범이었다. 미국인은 단순히 식민지 지배자에 맞서 반란을 일으킨 게 아니라 새로운 형태의 집단적 자유를 확립했다. 아렌트가 보기에 이것이야말로 혁명의 완전한 개념을 구현한 것이었다(《혁명론》, 1963).

아렌트는 고전적 권력 개념, 특히 막스 베버의 권력 개념을 집중적으로 다루었다. 아렌트는 베버가 권력과 물리적 폭력을 동일시하고 국가를 폭력의 독점적 소유자로 이해한 것은 범주적 오류라고 생각했다. 아렌트의 견해에 따르면 권력과 폭력은 구분해야 한다. 폭력과 강제는 도구적 수단이며 그 성과는 강제 수단의 활용에 달려 있다. 따라서 폭력에 근거하는 질서는 매우 불안정하다. 이와 반대로 권력은 사람들의 공동행위로 생성되며 언어에 근거하여 복잡한 형태의 협력을 할 수 있게 한다. 그런 까닭에 아렌트는 "소통적 권력"을 언급한다. 폭력은 현재 상황에만 영향을 미칠 수 있지만 권력은 과거와 미래를 포괄할 수 있다. 예컨대 용서 행위는 과거 행동을 조정하거나 심지어 정치적으로 일어나지 않았던 듯 만들 수도 있다(평화조약, 국제사면위원회 등). 그러나 더 중요한 것은 미래에 영향을 미치는 행위다. 사람들은 서로의 약속을 통해 장기적으로 행위를 조정하고 공동 목표를 공식화하며 공동행위를 공식적으로 수행할 수 있는 제도를 창설할 수 있다. 말하자면 행위의 당위는 규범의 정립에 근거하는 것이 아니라 상호 약속 행위에 근거한다(*Vita activa*, 231~243).

인권은 정치적 과정을 동결시킬 수도 대체할 수도 없다. 공적 공간을 창출하여 그곳에서 공동행위만이 인권의 구현과 같은 목표를 구속력 있게 추구하고 계속해서 새로운 목표로 향하도록 확립해야 한다. 그렇게 하지 못하면 인권은 정치적 실재도 갖지 못할 것이다. 이처럼 아렌트는 인권 이념을 거부한 게 아니라 인권 개념의 구현 방식을 비판한 것이다.

의사소통적 합리성

카를 슈미트의 비판을 상세히 다룬 위르겐 하버마스(Habermas 1996)와 같은 인권의 옹호자들은 인권을 형이상학적으로 고양시켜 모든 정치적 질문에 대한 궁극적

답변으로 간주하는 데 반대한다. 그들은 인권의 법적 특성에서 그 고유한 과제를 본다. 하버마스에 따르면 인권과 민주주의는 "동일한 근원을 가진" 근대 정치 정당화의 원천이며 그 효력을 요구하는 가운데 전달되어야 한다(*Faktizität und Geltung*, 111~135).

하버마스(1929~)는 호르크하이머의 제자였다. 그는 호르크하이머의 도구적 이성과 이성의 고유 가치 구분을 넘겨받아 도구적 합리성과 상호 이해적 합리성의 대립으로 해석했다. 하버마스에게 상호 이해적 합리성은 권력이 아니라 진리로 향하며 지배가 아닌 합의를 추구하는 합리성의 형태다. 문제는 호르크하이머의 추정과는 달리 현대 사회에서도 여전히 상호 이해적 합리성이 그 자리를 차지할 수 있는가 하는 것이다. 하버마스가 원했던 상호 이해적 합리성이 자리 잡을 수 있는 제도의 자연스런 후보는 공론장일 것이다. 하지만 하버마스는 처음에 이에 대해 매우 회의적이었다. 하버마스는《공론장의 구조변동》(1962)에서 칸트를 시민적 공론장의 인습적 대변자라고 비판했다. 하버마스에 따르면 칸트는 공론장의 사회적, 경제적 기본 조건에 대한 어떠한 형태의 통찰도 없이 형식적 사상의 자유를 계몽 정치를 위한 충분한 보증으로 간주했다. 반면 하버마스의 초기 분석에 따르면 현대 공론장은 유증遺贈된다. 현대 공론장은 계몽적 논쟁의 자유주의적 희망을 더 이상 보장하지 않는다. 그것은 사회 권력 구조의 위장에 불과했다.

상호 이해적 합리성의 기회를 간직하고 있는 것은 "생활 세계"이다. 반면 도구적 합리성은 이미 체계 내적 동기에서 경제나 정치 같은 사회 체계들에 밀착되어 있다. 하버마스에게서 생활 세계는 우선 규범적 요구가 많은, 가장 넓은 의미에서 인간의 문화적 표현을 의미한다. 모든 목적 합리적 도구화로부터 보호받는 한 생활 세계는 가치와 규범에 관한 합의된 일치를 결국 가능하게 한다. 한편 하버마스는 소통적 합리성을 위한 장소를 시민사회에서 보았다(Habermas 1992). 시민사회는 크고 작은 수많은 공론장과 활동의 총합으로 이해된다. 시민사회는 사회 정치적으로 능동적인 사회의 부분으로서 체계적으로 유증되지 않는다. 그렇기 때문에 시민사회에서 소통적 합리성을 목표로 하는 협의가 이뤄질 수 있다. 이와 달리 정치 체계는 어쨌든 현대 법치국가의 형상으로 지속적 정당성을 갖는다. 정치 체계는 규제된 타당한 절차를 가능하게 해주며 모든 시민의 기본권을 시민사회

내 그들의 지위와 관계없이 보장해준다. 여기서 유일한 문제는 한 가지뿐이다. 정치 체계는 시민사회에 던져진 질문과 내용적 제안을 어떻게 포착하는가? 그리고 정치 체계가 대체로 그렇게 한다는 것을 누가 보장하는가?

하버마스는 비판 이론 창설 세대가 부르주아 사회에 내렸던 무차별적 저주를 종식시켰다. 하버마스는 자유주의 법치국가의 성취를 평가했고 근대를 경멸하는 좌파들이나 근대에 대한 우파의 적대자들에 맞서 근대의 성취를 지켜냈다. 이로써 그는 비판 이론에서 정치적 가시를 떼어냈다.

현대 비판 이론의 대표들에게 제도는 더 이상 중요하지 않다. 이들은 당위적 문장과 정의의 공리를 다듬어 표현하는 데 집중하며, 그럼으로써 호르크하이머의 초기 비판에 노출되게 된다. 호르크하이머는 이 같은 입장을 무반성적 이상주의라고 지칭했다. 호르크하이머는 이미 1933년에 정의와 같은 개념들도 그 사회적 착근으로부터 떼어내어 이해할 수는 없다고 생각했다 (*Materialismus und Metaphysik*, 19).

무지의 베일

이를 위하여 비판 이론은 계약론의 논증적 입장을 레퍼토리에 추가했다. 이는 1971년 존 롤스의 이론 "공정으로서의 정의"(《정의론》)의 형상으로 보다 확대되어 영향력 있게 부활했다. 롤스(1921~2002)는 정의로운 사회 질서의 기초가 되는 기본권의 정립 모델을 제시했다. 여기서 그의 출발점은 개인들의 원칙적 불평등이다. 원칙적 불평등에도 불구하고 개인들은 공동의 기본 질서에 관해 합의를 이루고자 한다. 롤스는 사상적 가설인 칸트의 사회계약 이념을 원초적 입장의 명제로 변형한다. 사람들은 거기서 "무지의 베일"에 싸여 있다. 사람들은 사회의 실제 상황과 그 불균형함을 알지만 사회 내에서 자신의 지위를 결정하는 것이 무엇인지 명확히 알지 못한다. 나아가 사람들은 원초적 입장에서 계산적 합리성을 공유하며 그리하여 최악의 상황에 놓인 사람들에게 최대한 좋은 지위를 허락하는 모델을 정한다(최소 극대화 원칙). 그럼에도 사람들은 일정한 정의감을 가지고 있기에 기회 균등 그리고 사회적, 경제적 권리의 불평등 분배와 관련해 정치적 권리의 공평한 분배 원칙에 합의할 것이다. 불평등 분배는 최악의 상황에 놓인 개인들이 그로부터 이익을 얻을 수 있는 한에서만 최선의 상황에 놓인 개인들에게 유리하도록 확대될 수 있다는 것이 그 전제가 된다(파레토 최적).

이런 방식으로 롤스는 미국의 정치 문화에서는 여전히 낯선 복지국가 이념을 정당화한다. 하지만 유럽 대륙에서 복지국가 이념은 오랜 전통을 가지고 있었다. 유럽에서 복지국가 이념은 롤스의 효용 계산 대신 연대에 대한 성찰을 통해 정립된다. 이미 '서구' 문화 내부의 제도에 대한 이해 차이에서 분명하게 드러난 것이 근본적인 문제를 가리킨다. 그 근본적 문제는 세계의 다양한 문화에서 공정에 관한 표상이 서로 다르다는 것이다. 롤스는 정치 문화 간의 모든 차이에도 불구하고 공통분모를 구성할 수 있는 중첩적overlapping 합의를 우선 언급한다(《정치적 자유주의》, 1993). 그러나 이는 본질적으로 인권이라는 물질적 이념이 아니라 정의의 절차적 측면과 관계된다. 롤스가 보기에 이처럼 포괄적인 합의는 종교적 또는 도덕적 평가를 포기해야만 달성할 수 있기 때문이다. 1971년 롤스는 인권을 언급하지 않았다. 대신 인권을 국민국가 틀 안의 기본권으로서 상당히 고전적으로 다루었다. 롤스는 마지막 저작인 1999년의 《만민

법》에서 인권 이념에 국제정치의 규제 이념을 더했다. 이는 다른 국가에 인정을 요구할 수 있는 한 국가의 정치 문화에 대한 기준을 제시했고 국내 정치적 다원주의를 제한하는 기준을 제공한다. 따라서 《만민법》은 전체적으로 외교 정치적 개입을 위한 척도를 마련해준 것이라 할 수 있다.

롤스는 인권이 진정한 의미에서 자유주의적 이념이 아니며 따라서 '서구적' 이념이 아니라고 주장한다. 이와 달리 하버마스는 인권 이념의 보편성을 옹호하며 인권 이념에서 서구적 문화 제국주의의 표지를 보지 않는다. 서양이 인권 이념의 개인적 기본 구조를 어느 정도 포기한다면, 동양, 특히 아랍과 아시아 문화도 공동체와의 연관성을 지나치게 강조하지 않을 수 있기 때문이다(Habermas 1999). 그러나 바로 인권에 대한 보편적 요구가 서구 사회 밖에서 문화 제국주의의 표지로 해석된다. 이 비판은 그사이에 서구에서 형성된 정치 이론 내에서도 다루어졌다. 즉 인권이 자유주의의 헤게모니를 공고히 한다는 것인데, 모든 사상가가 그 헤게모니를 좋게 보고 있지는 않다.

권력과 규율

자유주의의 해석적 헤게모니에 대해 이의를 제기한 것이 포스트모던 사상가들이다. 가령 미셸 푸코(1926~1984)는 인권의 자유주의적 해석에서 정치적 과정이 위험스럽게 축소된다고 보았다. 정치의 모든 규범적 확정은 정치적 과정을 그리고 그와 함께 규범의 민주적 활용을 종결시킨다. 인권 역시 그러한 규범적 확정으로서 제도화될 수 있다는 것이다. 인권과 결합되는 것은 가치다. 즉 무엇이 가치 있고 무엇이 가치 없는가이다. 그래서 푸코는 예컨대 보트피플을 위한 투쟁과 같은 구체적 개별 사례에서 인권을 위해 투쟁했다. 인권 이념의 보편적 의무감 때문이 아니라 주관적 전략으로서, 즉 의지주의적으로 말이다.

이는 푸코의 권력 개념과 관련 있다. 푸코는 권력 개념을 통제의 모든 형태로 확대했다. 푸코의 '통치성 gouvernementalité' 이론은 정치 체계가 3가지 권한을 가지고서 행사하는 것보다 더 심층적인 사회 통제를 관찰한다. 가장 거대한 권력은 사회적 절차의 정상성과 표준화에서 비롯된다. 따라서 인구에 대한 통제는 인구가 '국민'으로서 파악된 후에야 효과적으로 조직화될 수 있다. 인구조사와 주민등록, 통계적 정량화, 특정 관점에 따른 인구 분류, 세금 계산 및 기타 여러 도구는 인구를 통제하고 현대 국가의 근대적 행정 활동을 가능하게 한다. 행위의 통제를 통한 정치 질서의 권력 행사는 군대나 형벌 제도 등 '규율화'의 모든 형태에서 찾아볼 수 있다. 사회 규범은 무엇이 건강한 것이고 무엇이 미친 것인지, 무엇이 성적으로 허용되고 무엇이 '비정상'으로 간주되는지 결정한다.

인권으로 단순히 목표를 설정할 뿐만 아니라 실제로 정책을 만들 수도 있다(Hoffman 2010). 이는 인권이 자유주의 헤게모니의 가정이 믿게 하고 싶어 하는 것보다 더 큰 해석적 잠재력을 가졌음을 가리킨다. 인권 이념은 이미 세계인권선언에서 다양한 길을 개척했다. 세계인권선언은 자유주의적이고 개인주의적인 이해에 근거할 뿐만 아니라 사회적, 정치적 맥락도 고려한다. 따라서 탈식민화의 길에서 인권의 집단적 차원이 보다 더 강하게 강조되고 이와 함께 민족자결, 자원 주권, 원주민 보호가 강조된 것은 기존 체제와의 단절이 아니었다. 인류는 또한 자연, 물, 바다, 대기와 같은 집단적 재화에 대한 권리의 주체로서, 즉 권리의 보유자로서 불리게 되었다. 따라서 인권은 문화적 차이를 넘어 기저基底의 갈등을 대체로 표현하기 위해 언어를 이용하며 그럼으로써 보편적 소통과 협력의 길을 열어준다.

이렇게 우리는 인권 시대의 현재의 단계, 즉 미래의 세계 정치 질서에 대한 탐구와 그 안에서 인권의 지위가 무엇인지에 관한 질문에 도달했다. '인류'는 여전히 최초로 발전하고 있는 질서의 정당화 목표로 남아 있다. 국민국가로 집단 분열된 인류의 권력정치 구조 안에 그 질서를 세워도 깨어지기 쉽다. 그리하여 정치 이론은 거기까지 가기 위해 밟아나갈 길에 대한 지침을 여기서부터 탐구하기 위하여 지금은 세계시민주의 이론의 형태에서 이 미래 질서의 모델을 모색하고 있다.

세계시민주의

1995년 글로벌거버넌스위원회의 보고서는 현재의 세계시민주의 담론이 형성되는 데 중요한 역할을 했다. 이 보고서는 세계화 과정에서 모든 국가가 상호 의존적 관계에 놓이게 되었다는 인식을 확산하고 공고히 했다. 이와 연관하여 데릭 히터는 세계시민주의에 관한 사료를 조사하고(Heater 1996) 데이비드 헬드는 세계시민주의의 제도적 이론을 탐구했다(Held 1995).

세계시민주의 논쟁에는 크게 2가지의 이론 형성 경로가 있다. 하나는 세계시민주의를 개인적 권리 분배(정의)의 도덕적 기준을 형성하는 것으로 이해한다. 이와 반대로 다른 하나는 적절한 제도 질서를 모델화하는 과제를 강조한다. 바로 인권이 세계시민주의를 위한 적절한 규범적 플랫폼을 제공한다고 보는 것이다. 전형적으로 첫 번째 방향을 지지하는 사람들은 관례화된 영토적 국민국가를 거부하고 그 경계를 지양하거나 최소한 약화할 것을 요구한다. 예컨대 마사 누스바움은 세계시민주의자들이 전 세계적 인간 공동체에 대해 우선적으로 의무를 진다고 주장한다(Nussbaum 1996, 4). 따라서 의심스럽더라도 전래의 정치 질서에 대한 충성심은 불명료한 내용과 윤곽을 가진 여전히 불명료한 충성심에 길을 내주어야 한다. 여기서 새로운 갈등이 예고된다.

이와 반대로 제도주의 경로의 대변자들은 제도 질서 가능성의 조건들로부터 논의를 전개한다. 개인적 권리의 승인은 정의의 계명일 수 있지만 기능하는 제도 질서를 여전히 보장해주지 못한다. 이를 위해서는 갈등을 조정하고 재화를 분배하기 위한 절차가 필요하다. 여기서 제도는 반드시 국민국가적 성격을 띨 필요는 없으며, 초국가적 제도 또는 트랜스 내셔널한 제도도 포괄할 수 있다. 그러나 민주적 정당성과 통제 가능성은 대개의 경우 여전히 현대 국민국가에 주어져 있으며, 따라서 세계시민주의의 시각에서 보아도 국민국가는 세계 질서 수립에 걸림돌로 작용할 수 있다고 많은 이들이 우려한다. 세계시민 모델의 스펙트럼은 세계국가에 대한 요구에서부터 정치 질서들의 연방제적 세계 동맹 그리고 형성 중인 세계 사회를 위한 국가성의 주변화에까지 이를 만큼 넓다. 국민국가는 이념 정치적 상황의 결과물이었다. 상황 변화와 함께 국민국가가 사라져서는 안 될 이유가 있을까?

이 같은 상황에서 방향을 설정하고 자극을 주기 위해 정치사상사의 조언을 받는 것은 놀라운 일이 아니다. 세계시민주의 지지자들은 헬레니즘으로 소급되는 낡은 사상이 문제라고 한결같이 말한다. 헬레니즘의 그리스 철학, 특히 스토아학파는 모든 문화와 정치적 차이를 포괄하는 특징을 인간의 이성적 본성에서 찾았다. 알렉산드로스대왕의 제국이 전래의 폴리스 질서를 주변화한 상황에서 철학자들은 세계를 이성의 질서로 해석했다.

그러나 스토아학파는 이 세계 질서에 대한 실재적 개인의 몫이 개인 행위의 결정 동기에서 이성이 차지하는 실질적 몫에 따라 정해지게 했다. 따라서 그 세계 질서는 모든 인간의 평등한 질서를 의미하지 않았다.

나아가 세계시민주의 토론에는 칸트의 정치 이론도 관계된다. 칸트는 세계국가를 거부하고 인류가 서로 다른 종교와 언어로 분열되는 것을 환영했다. 이쪽이 최소한도로 동질적일 뿐인 단일 문화보다는 인간 종의 발전을 좀더 장려할 것이기 때문이다. 칸트의 법치국가는 세계국가가 아니다. 법치국가는 결코 경험에서 가져올 수 없는 이성의 이념이다. 따라서 칸트는 개별 주권국가들의 평화 동맹에 만족했다.

미래의 세계 질서가 어떻게 모델화되고 어떤 사상사적 모범을 지향하든 간에 잊어서는 안 될 것이 있다. 정치사상사는 관념적 모델의 담론적 연속체일 뿐만 아니라 줄곧 갈등과 제도를 논의해왔다는 사실이다. 정치사상사에서 '정치적인 것'을 구성하는 것은 갈등과 제도이기 때문이다. 인권 같은 규범적 프로그램조차 이를 지양할 수는 없다. 실제로 규범은 규범의 갈등(예를 들어 특정 상황에서 개별 인권의 구체적 우위에 관한 갈등)을 초래한다.

그리고 규범은 인권의 토대 위에서 누가 누구에게 어떤 의무를 지는지 명확히 하기 위해 제도에 의해 구체화되어야 한다. 이 문제를 마주할 때 세계시민주의 질서의 적절한 기본 구조로서 자연스레 떠오르는 것이 세계 법정 제도이다. 그러나 세계 법정은 비정치로의 도피가 될 것이다. 동시에 이는 순진한 해결책이다. 법정이 세계 정치적 문제를 결정한다면 법정 점령에 권력투쟁이 집중될 것이기 때문이다. 그리고 법정은 그것이 표명해야 하는 것, 즉 그 정치적 독립성을 상실할 것이다. 정치사상사는 정치적인 것을 손쉽게 우회할 수 없다는 점을 알려주며 동시에 갈등을 어떻게 다룰 수 있는지 보여준다. 국민국가 같은 질서 모델의 폐기를 원할 때도 말이다.

정치사상사 텍스트의 다수 개별 간행본 외에 2가지 시리즈물이 강조 되었다. 《케임브리지 정치사상사Cambridge Texts in the History of Political Thought》(Raymond Geuss, Quentin Skinner, Cambridge University Press)와 하랄트 블룸Harald Bluhm이 편집한 '유럽 이념사 저작선 Schriften zur europäischen Ideengeschichte' 시리즈(Akademie-Verlag Berlin) 가 그것이다. 상세한 문헌 목록은 다음 사이트에서 확인할 수 있 다. www.chbeck.de/go/Llanque

Aquin, Thomas von, Summe der Theologie, hg. v. Joseph Bernhart, Leipzig 1933.

Arendt, Hannah, Elemente und Ursprünge totaler Herrschaft, Frankfurt/M. 1955.

___, Vita activa, München 1981.

Aristoteles, Nikomachische Ethik, hg. v. Olof Gigon, München 1972.

___, Politik, übers. u. erläut. von Eckart Schütrumpf, Berlin(Akademie) 1991~2005(Buch IV~VI, unter Mitwirkung von Hans-Joachim Gehrke).

Augustinus, Vom Gottesstaat, hg. v. Carl Andresen, München 1978.

Dewey, John, Die Öffentlichkeit und ihre Probleme, hg. von Hans-

Peter Krüger, Bodenheim 1996.

Die Federalist-Artikel. Politische Theorie und Verfassungskommentar der amerikanischen Gründungsväter. Mit dem engl. u. dt. Text der Verfassung der USA, hg., übers., eingel. u. komment. von Angela Adams und Willy Paul Adams, Paderborn u.a. 1994.

Foucault, Michel, Geschichte der Gouvernementalität. Bd. 1: Sicherheit, Territorium, Bevölkerung; Bd. 2: Die Geburt der Biopolitik, Frankfurt/M. 2004.

Habermas, Jürgen, Zur Legitimation durch Menschenrechte, in: Hauke Brunkhorst/Peter Niesen, Hg., Das Recht der Republik, Frankfurt/M. 1999, S.386~403.

___, Faktizität und Geltung. Beiträge zur Diskurstheorie des Rechts und des demokratischen Rechtsstaats, Frankfurt/M. 1992.

___, Kants Idee des ewigen Friedens. Aus dem historischen Abstand von 200 Jahren, in: ders., Die Einbeziehung des Anderen, Frankfurt/M. 1996, S.192~236.

Heater, Derek, World citizenship and government. Cosmopolitan ideas in the history of the western political thought, Basingstoke 1996.

Hegel, Georg Wilhelm Friedrich, Werke, hg. von Eva Moldenhauer/ Karl Markus Michel, 20 Bände, Frankfurt/M. 1986.

___, Jenaer Realphilosophie(1805/1806), in: ders., Frühe politische Systeme, hg. von Gerhard Göhler, Frankfurt/M. u. a. 1974, S.201~290.

Held, David, Democracy and the Global Order. From the Modern State to Cosmopolitan Governance, Stanford 1995.

Hobbes, Thomas, Leviathan oder Stoff, Form und Gewalt eines kirchlichen und bürgerlichen Staates, hg. und eingeleitet von Iring Fetscher, übersetzt von Walther Euchner, Frankfurt/M. 1984.

Hoffmann, Stefan-Ludwig, Hg., Moralpolitik. Geschichte der Menschenrechte im 20. Jahrhundert, Wallstein 2010.

Horkheimer, Max, Materialismus und Metaphysik, in: ders., Traditionelle und kritische Theorie. Fünf Aufsätze, Frankfurt/M. 1992, S.7~42.

___, Gesammelte Schriften, hg. v. Alfred Schmidt, Frankfurt/M. 1985 ff.

___, Zur Kritik der instrumentellen Vernunft(zuerst engl. Eclipse of Reason, 1947), Frankfurt/M. 1967.

Kant, Immanuel, Theorie-Werkausgabe, hg. von Wilhelm Weischedel, 12 Bde., Frankfurt/M. 1968.

Koselleck, Reinhart, Vergangene Zukunft. Zur Semantik geschichtlicher Zeiten, Frankfurt/M. 1979.

Llanque, Marcus, Politische Ideengeschichte. Ein Gewebe politischer Diskurse, München/Wien 2008.

Locke, John, Zwei Abhandlungen über die Regierung, hg. von Walter Euchner, Frankfurt/M. 1992.

Machiavelli, Niccolò, Geschichte von Florenz. Vollständige Ausgabe, hg. von Alfred von Reumont, Wien 1934.

___, Discorsi. Gedanken über Politik und Staatsführung, hg. und übersetzt von Rudolf Zorn, 2. Aufl., Stuttgart 1977.

___, Il Principe/Der Fürst, ital.-dt., hg. und eingeleitet von Philipp Rippel, Stuttgart 1986.

Marsilius von Padua, Der Verteidiger des Friedens, hg. v. Horst Kusch, Darmstadt 1958.

Marx, Karl, Das Manifest der Kommunistischen Partei. Kommentierte Studienausgabe, hg. von Theo Stammen(unter Mitarbeit von Alexander Classen), Stuttgart 2009.

___, Politische Schriften, hg. von Hans-Joachim Lieber(Werke,

Schriften, Briefe Band III) in 2 Teilbänden, Stuttgart 1960.

Mill, John Stuart, Betrachtungen über die repräsentative Demokratie(1861), neu übersetzt von Hannelore Irle-Dietrich, hg. mit einer Einleitung von Kurt L. Shell, Paderborn 1971.

____, De Tocqueville on Democracy I(1835), in: ders., Collected Works, hg. von John M. Robson, Toronto 1963 ff., Bd. XVIII, S.47~90.

____, De Tocqueville on Democracy II(1840), in: ders., Collected Works, hg. von John M. Robson, Toronto 1963 ff., Bd. XVIII, S.153~204.

____, On Liberty/Über die Freiheit, hg. von Bernd Gräfrath/Bruno Lemke, Stuttgart 2009.

Montesquieu, Vom Geist der Gesetze, hg. von Ernst Forsthoff(1951), Tübingen 1992; gekürzt: hg. Kurt Weigand, Stuttgart 1965.

Morus, Thomas, Utopia, hg. v. Gerhart Ritter, Stuttgart 1980.

Neumann, Franz Leopold, Behemoth. Struktur und Praxis des Nationalsozialismus 1933~1944(zuerst 1942), nach der Edition New York 1963, übersetzt von Hedda Wagner und Gert Schäfer, Frankfurt/M. 1977, Frankfurt/M. 1984, ND 1988.

Nussbaum, Martha, Patriotism and Cosmopolitism, in: Joshua Cohen(Hg.), For Love of Country. Debating the Limits of Patriotism, Boston 1996.

Platon, Sämtliche Werke, in der Übersetzung von Friedrich Schleiermacher, hg. von Walter F. Otto, Emesto Grassi und Gert Plamböck, Hamburg 1958 ff.(zitiert nach der Stephanus-Numerierung).

Pocock, J. G. A., Politics, Language and Time. Essays on political thought and history, London 1971.

Rawls, John, Theorie der Gerechtigkeit, Frankfurt/M. 1979.

Reibstein, Ernst, Völkerrecht. Eine Geschichte seiner Ideen in Lehre und Praxis, Bd. 1: Von der Antike bis zur Aufklärung, Freiburg/München 1957.

Report of the Commission on Global Governance: Our Global Neighbourhood, Oxford 1995.

Rousseau, Jean-Jacques, Sozialphilosophische und politische Schriften, Anmerkungen von Eckhart Koch, Nachwort von Iring Fetscher, Düsseldorf und Zürich, 2. Aufl. 1996.

Schmitt, Carl, Der Begriff des Politischen, Text von 1932 mit einem Vorwort und drei Corollarien, Berlin 1963.

___, Der Nomos der Erde im Völkerrecht des Jus Publicum Europaeum, Berlin 1950.

___, Die geistesgeschichtliche Lage des heutigen Parlamentarismus, 2. Aufl. München 1926.

___, Die Wendung zum diskriminierenden Kriegsbegriff(1938), unveränderter ND Berlin 1988.

___, Staat, Bewegung, Volk. Die Dreigliederung der politischen Einheit, Hamburg 1933.

___, Verfassungslehre, München und Leipzig 1928.

Schumpeter, Joseph A., Kapitalismus, Sozialismus und Demokratie, übersetzt von Susanne Preiswerk, eingeleitet von Edgar Salin, 6. Aufl., Tübingen 1987(Capitalism, Socialism and Democracy, 1942).

Skinner, Quentin, Liberty before Liberalism, Cambridge 1998.

Tocqueville, Alexis de, Über die Demokratie in Amerika, hg. von J. P. Mayer, übersetzt von Hans Zbinden, 2 Bde., Stuttgart 1959/1962.

Tully, James, Hg., Meaning and Context. Quentin Skinner and his Critics, Princeton 1988.

Weber, Max, Bericht der Wiener Freien Presse über einen Vortrag "Probleme der Staatssoziologie," am 25.10.1917 in Wien, in: Wirtschaft und Gesellschaft, Teilband 4: Herrschaft, hg. von Elisabeth Hanke, Tübingen 2005, S.752~756.

___, Gesammelte politische Schriften, hg. von Johannes Winckelmann, 5. Aufl., Tübingen 1988.

___, Wirtschaft und Gesellschaft. Grundriß der verstehenden Soziologie, hg. von Johannes Winckelmann, 5. Aufl., Tübingen 1980.

___, Wirtschaft und Gesellschaft, hg. von Edith Hanke/Horst Baier, Max-Weber-Gesamtausgabe, Bd. I/22, 4, Tübingen 2005.

정치사상은 통치와 지배, 권력과 복종 같은 정치적
행위나 문제들에 대해 인식하고 판단하는 사상, 이념,
견해 등을 가리키는 기표다. 정치사상은 태초 이래 역
사가 전개되면서 나타난 정치의 여러 문제를 다루고 가
능한 해법과 대안을 모색하면서 역사의 흐름에 작용해
왔다. 그런 의미에서 정치사상은 정치에 대한 시대적 자
기 성찰이며 동시에 정치적인 것의 내면과 동학을 드러
내 보여주는 프리즘의 역할을 맡는다. 이 같은 사상과
이론의 역사를 탐구하는 학문 분야가 정치사상사다. 정
치사상사는 다양한 시대와 문화의 맥락 속에서 나타난
정치적 사유들을 관찰하고 정치와 사상의 상호작용을
조명하여 기술함으로써 정치의 지평에 대한 우리의 이
해를 확장한다.

물론 정치사상의 역사를 유의미하게 서술하기는 쉽지 않다. 우선 장구한 시간과 다양한 공간에서 등장한 주요 사상들을 개관하는 것 자체가 어렵다. 거기에 더하여 사상사의 역사적 흐름과 맥락에 초점을 맞추다 보면 자칫 사유의 고유함과 그 내면적 고민을 놓치기 쉽고 반대로 어느 사상의 고유한 개성에 주목하다 보면 역사적 맥락과의 연계를 소홀히 하기 쉽기 때문이다. 사상사는 이처럼 서로 반대되는 두 방향의 요청 사이에서 절묘한 균형을 유지하는 데 유의해야 한다.

《정치사상사》의 저자 마르쿠스 앙케 역시 이 문제에 매우 주의를 기울였다. 독일 아우구스부르크대학의 정치 이론 교수인 앙케는 고전기 그리스에서 20세기 세계인권선언(1948)에 이르는 정치적 사유의 장구한 역사를 간명한 필치로 설명하는 가운데 사상사적 담론들에 대한 통시적, 공시적 분석을 시도한다. 그가 보기에 정치사상사의 과제는 개별 사상가나 텍스트의 의미를 밝혀내는 데 국한되지 않는다. 저자는 정치사상적 담론의 기초가 되는 텍스트들이 서로 관계되어 담론의 '연속체' 안에 수용되어온 과정을 기술하려 했다. 개별 저자와 텍스트는 당대의 맥락과 담론적 '연속체' 속에서 이론적 논쟁점이 되며 아울러 뒤이은 담론과의 결합을 위한 접점이 된다. 말하자면 선택된 텍스트들의 통시적 연결이라는 차원에서 텍스트의 수용사를 기술하는 것이 저자의 목표다. 물론 이 목표가 어느 정도로 달성되었는지 평가하는 것은 독자의 몫이다.

이와 별개로 《정치사상사》는 역사 전반에 걸쳐 진화해온 정치적 사유와 이론에 대한 설득력 있고 시사점을 주는 탐구다. 저자는 이제껏 우리의 세계를 각인해온 풍부한 정치사상의 태피스트리를 간결히 묘사하여 포괄적이고 흥미로운 지적 탐색의 기회를 독자에게 제공한다. 여기서 다루어진 위대한 사상가들, 플라톤과 아리스토텔레스, 토마스 아퀴나스, 마키아벨리, 홉스, 몽테스키외, 칸트, 마르크스 등은 정치사상의 범주를 넘어서는 철학과 문학의 대가들이기도 하다. 그다지 길지 않은 지면 안에 이 대가들의 사상적 면모가 잘 포착되었다면 서양 정치사상사에 대한 저자의 소묘가 빼어나다는 뜻이다. 저자는 깊이를 희생하지 않고도 복잡한 사상을 접근 가능한 언어로 풀어 정제해냄으로써 고대 그리스부터 현대에 이르는 광활한 정치사상의 세계로 독자를 안내한다. 민주주의, 정의, 자유와 같은 주요 개념들의 발전을 능숙하게 추적하며 이 개념들이 당대의 사회 정치적 맥락에 따라 어떻게 진화하고 재형성되었는지를 보여주어 독자가 정치사상의 동학을 인지하고 정치사상사와 현대적 논쟁과의 연관 관계를 인식하도록 돕는다. 각 장의 끝에 달린 유용한 정리 또한 독자의 이해에 도움이 된다.

《정치사상사》는 정치철학과 정치 이론의 역사에 관심 있는 모든 이에게 유용할 것이다. 정치학을 전공하는 학생들에게는 괜찮은 입문서가 될 것이며 해당 분야의 연구자들에게는 사유의 자극제로 작용할 것이다. 현대 세계의 복잡한 정치 문제들을 해결하기 위한 첫걸음은 정치사상에 대한 더 깊은 이해라는 점을 상기시켜줌으로써 말이다.

*이 책의 독일어 제목은 *Geschichte der politischen Ideen*이며 우리말로는 《정치 이념사》로 옮기는 것이 마땅하다. 하지만 우리의 언어 관용에서 '이념'이라는 단어가 우선 호명하는 것은 사유나 사상, 관념이 아니라 '이데올로기'다. 이는 불행한 용어의 오염이다. 불필요한 오해를 피하고자 제목을 《정치사상사》로 정하게 되었다.

정치사상사

초판 1쇄 인쇄 | 2023년 11월 7일
초판 1쇄 발행 | 2023년 11월 15일

지은이 | 마르쿠스 앙케
옮긴이 | 나종석
발행인 | 이원석
발행처 | 북캠퍼스

등록 | 2010년 1월 18일 (제313-2010-14호)
주소 | 서울시 마포구 양화로 58 명지한강빌드웰 1208호
전화 | 070-8881-0037
팩스 | (02) 322-0204
전자우편 | kultur12@naver.com

편집 | 신상미
디자인 | 이경란
마케팅 | 임동건

ISBN: 979-11-88571-21-5 (04340)
        979-11-88571-18-5 (set)

이 도서의 국립중앙도서관 출판시도서목록(CIP)은 서지정보유
통지원시스템 홈페이지 (http://seoji.nl.go.kr)와 국가자료공
동목록시스템(http://www.nl.go.kr/kolisnet)에서 이용하실
수 있습니다.